悅讀中國

庫布其：沙夢

亦農　著

中國第七大沙漠真實傳奇，
　　風雨坎坷數十載綠夢成真。

二〇一四年初夏，長安街。寬闊的馬路兩旁既有老建築又有新建築，在高檔商貿大樓裡入駐著央企、跨國公司和大型上市公司總部，出入其中的不乏精明強幹的白領、金領，還有經常現身世界重要會議、為民眾所熟悉的企業家董事長。他們掌控著各自龐大的企業帝國，甚至影響著一個行業或世界經濟的發展。

　　與民族文化宮隔著長安街相望的凱晨世貿中心，位於西長安街復興門內，地理位置得天獨厚。億利資源集團總部設在凱晨世貿中心東座六層。此時，在一間辦公室裡，一位身材高大健碩的中年漢子正臨窗而立，若有所思——他就是億利資源的董事長王文彪。

　　北京六月的天空，雖然偶有陰霾來襲，大多時候還是湛藍澄碧，晴空萬里。今天，步行從庫布其到北京需要半個月，乘高鐵需要三四個小時，如果坐飛機只需要一個小時。而王文彪和他的團隊從庫布其到長安街，用了二十六年。

　　二十多年前，北京長安街兩旁還是低矮的老屋，四合院隨處可見。一九九八年春夏之交，我和老張在建設部一家雜誌做同事。突然一陣風來，伴著泥沙的雨滴砸在車頂上，就是一片密密麻麻的污點。老張說：「這已經算好的了。」

據當時他回憶，再往前數十年，北京常常黃沙漫天。騎自行車上班，不但要戴口罩，還要戴眼鏡，沙粒打在眼鏡上，噼叭作響。那時長安街上的汽車還沒有熙熙攘攘，但全都覆蓋著厚厚一層黃灰黃沙，像會移動的瓢蟲。

「這沙塵都從哪來呢？」

「蒙古大沙漠。」老張很肯定。

「哪個沙漠？」雖然我地理不好，也知道北京西北不止一處大漠，比如騰格里、毛烏素、庫布其等。

「這就不知道了，或許是其中一個，或許都有份兒。那沙粒上也沒寫產地名字！」

老張是北京土著，自小在胡同裡長大。當我和心懷不滿的老張坐在建設部聊沙塵時，王文彪正帶著他的團隊在八百公里外的庫布其沙漠戰天鬥地。

前幾日，和阿倫在三里屯喝下午茶，聊起庫布其，他並不陌生。阿倫參加沙漠公益行活動已經七八年，說起人類與沙漠的話題，他並不輸專家學者。

阿倫說：當今世界，土地荒漠化已成為直接威脅人類生存與發展的最為嚴

重的生態環境問題。全球百分之六十五的土地面積存在不同程度沙化，每年還在以五到七萬平方公里的速度蔓延，造成荒漠化地區的十幾億人口處於貧困和飢餓之中。中國是世界上受荒漠化危害比較嚴重的國家之一。

我打斷他，問：「有沒有聽說過億利資源和王文彪？」

「他們創造了庫布其模式，受到過聯合國的表彰。」阿倫不加思索地答，「億利作為全球最大的沙漠生態企業之一，在二十多年的時間裡綠化沙漠六千多平方公里，控制沙化面積一萬一千多平方公里，為中國北方構築起一條全長二百四十多公里的綠色屏障，這是中國乃至世界治沙史的奇蹟。今天，我們頭頂能有這方藍天，說到底還得感謝他們。」

「我可能去庫布其，寫寫王文彪和他的庫布其模式。」

阿倫點頭：「值！」

庫布其，不僅有沙漠原生態七星湖、響沙、駝隊、傳說中神祕的朔方古城，還有一群人，他們健康、陽光、積極、向上，數十年如一日堅守理想。

如果你正年輕，充滿幻想和希望，那麼跟我去庫布其吧！

如果你正中年，為生活奔波，身心疲憊，那麼跟我去庫布其吧！

如果你已暮年，仍想重新邁步，那麼跟我去庫布其吧！

因為，那是一個夢想開始的地方！

夢開始的地方 01章

庫布其治沙的故事始於一家瀕臨倒閉的鹽廠，一位當時年僅二十九歲的年輕人。平淡的生活中悄然奏響後來震動世界的樂章，而他的開始卻是那樣無奈無助，充滿酸澀和艱辛。

五星上將、美國總統艾森豪威爾年輕時，有一回和家人玩牌，連續幾次都拿到很糟糕的牌，情緒很差，態度也惡劣起來。母親見狀，說了一段令他刻骨銘心的話：「你必須用你手中的牌玩下去，這就好比人生，發牌的是上帝，不管是怎樣的牌，你都必須拿著，你要做的就是盡你全力，求得最好的結果。」

死亡之海 —— 庫布其

我對沙漠的最初認識，來自三毛。二十六年前，大學時代捧讀女作家三毛的《撒哈拉的故事》。貧瘠廣漠的大沙漠在三毛眼中充滿了無窮的誘惑。她勇敢地拋棄繁華都市生活來到這裡，迎接她的是黃沙滾滾、風聲嗚咽、水源奇缺、物質匱乏。還有那置於大墳場的破舊沙土房：狹窄簡陋，沒有家具，沒有床，頂上一個大窟窿。三毛不覺得困苦，她和何西甚至將生命中最神聖、最憧憬的婚禮也搬到了沙漠。他們設計房子，買石灰水泥糊牆、補窗戶，用裝棺材的外箱改做家具，到垃圾場拾汽車外胎自做鳥巢式坐墊，用鐵皮和玻璃自製風燈，用沙漠麻布縫製彩色條紋窗簾。

三毛盡一切可能探尋浩瀚沙漠的真實面目，她用相機拍下極荒僻地區游牧民族的生活，描述撒哈拉人的骯髒、奇異生活習俗。沙漠裡的女人三四年才洗一次澡，洗澡的方式聞所未聞，用石片刮掉身上的汙垢，還用海水灌腸，讓人真實地感受到沙漠環境的惡劣與生活方式的落後。

《撒哈拉的故事》猶如一幅充滿異國風情的畫卷。很多人懷疑三毛描寫的沙漠是不是真的？答案恐怕只有她自己知道。一九九一年一月四日凌晨，三毛在榮民總醫院神祕地離開人世。自殺抑或他殺？至今沒有答案。而關於她眼中的沙漠是真是假，亦成了永遠難解的謎。

　　庫布其沙漠在我的眼裡也充滿了神祕。那恢弘壯麗的日出，靜謐的沙海升明月，傳說中漂移的朔方郡，詭譎的太陽神湖，有求必應的神樹和總是在呵呵笑的喇嘛……讓人毛骨悚然的是它的別稱——死亡之海。

　　庫布其沙漠位於內蒙古鄂爾多斯高原北部。在北京正西，是離首都最近的沙漠。有媒體說：庫布其沙漠曾是京津冀地區沙塵暴的三大風沙源之一，這裡

寧靜的庫布其沙漠

的沙塵在六級風力作用下，一夜就可以颳到紫禁城，是「懸在首都上空的一盆沙」。北京人老張說得或許沒錯，當年北京上空飛旋的一粒沙，有可能來自並不太遙遠的庫布其。

庫布其沙漠東西長二百六十二公里，南北寬六十多公里，總面積約一點八六萬平方公里。

我遇到一位民間學者，老人可謂庫布其的一部活辭典，他告訴我：

二千多年前，庫布其沙漠曾是森林茂密、水草豐美、綠茵冉冉、牛羊成群的人類幸福家園。當時的庫布其可以說是天野相接，生機勃勃，壯美無比。

二百多年前，中國封建社會最後一個王朝清王朝在庫布其平息叛亂，連年戰爭，加之無節制、無約束的放墾開荒，加重了土地的荒漠化，大片良田變成荒漠，繁華勝景終究湮滅在漫漫黃沙之中。

二十多年前，庫布其的生存條件極其惡劣，可謂是一片不毛之地。當地流傳著「沙裡人苦、沙裡人累，滿天風沙無植被；庫布其窮、庫布其苦，庫布其孩子無書讀；沙漠裡進、沙漠裡出，沒水、沒電、沒出路」的民謠。一年一場風，從春颳到冬。當時的庫布其降雨量稀少，沙塵暴氾濫。生活在這裡的十幾萬老百姓常年飽受風沙之苦，淪為蓬頭垢面的生態難民。

關於庫布其沙漠的形成，我還看到另一種說法：

中國的氣候區劃分為三大區，東南季風區、青藏高原區、西北乾旱區。中國的沙漠主要分布在西北乾旱區，因為乾旱缺水才有了沙漠。歷史上，中國的西北地區是溫暖濕潤的稀樹草原區。後來因為青藏高原的三次抬升，把只有二萬一千公里的印度洋到西北地區的暖濕氣流阻斷，太平洋到西北距離三千四百

公里，中間有秦嶺、太行山、賀蘭山等高大山系的橫豎阻隔，太平洋的暖濕氣流很難到達西北，所以西北地區成了乾旱區。

有人曾經提出，把青藏高原炸開一條十公里的長廊，讓印度洋暖濕氣流通暢地再輸送到西北地區，改變這裡的沙漠。這個頗具浪漫主義色彩的建議，因為不科學，成了天方夜譚，無法實現。

很難想像，世代在沙漠游牧的庫布其人，懷揣著怎樣的生活夢想？

他們的祖先曾經目睹這裡美麗的草原。千百年來神不知鬼不覺，沙漠一點點吞噬人類生存的聚集地。哪怕每年只是侵襲一小步，漫長的時間過去，曾經的草原變成一望無際的沙漠。

他們是否夢想過回到二千年前，水草豐美，牛羊成群？一代又一代人過去了，他們依然在庫布其過著凄苦的生活。靠山吃山，靠水吃水。靠著沙漠吃什麼？唯有吃苦。

「我的爺爺這樣吃苦一輩子，我的爺爺的爺爺也這樣吃苦一輩子。我的父親還是這樣。輪到我了，我不想守著沙漠走先輩走過的路。可是又有什麼辦法？沙裡不會長糧食，更不會長豬牛羊肉。認命嗎？不甘心，很痛苦！」阿布得老人憶及往昔，眼睛裡噙滿淚水。

從小吃著沙拌飯長大的王文彪，面對央視記者的鏡頭，微笑著說：「如果現在你給我一碗沙拌飯，我也能吃下去！」

人的適應性超強。但這種適應一旦成了習慣，人就會變得麻木，不思進取！真正有智慧的人，就是不管遭遇什麼，都能將其轉化為實現夢想的動力。死亡之海，不毛之地。在這樣的地方，人類除了絕望，還會有夢想嗎？

一九五八：大漠童年

很多年前，一隊遷徙的人馬從陝北府谷來到內蒙古黃河南岸。他們奔波千里，疲憊不堪，遂擇庫布其沙漠邊緣定居下來，從此一代一代繁衍生息。杭錦旗的「杭錦」，由「杭更」演變而來，它是古代蒙古族部落的名字。這個使車部落，曾經乘著車到處游牧。

一九五八年九月，王文彪出生於杭錦旗杭錦淖爾村，這兒距沙漠只有一公里，距離黃河不到五公里，綿延的陰山餘脈聳立在村子東北方。在王文彪的記憶中，童年的庫布其一年三百六十五天，三百天都有沙。從早到晚，從春到冬，天天颳風，天天沙塵瀰漫。

多年以後，王文彪回憶說：「沙漠對很多人來說可能很陌生，但我生在沙漠，命中注定要和沙漠打交道。剛懂事的時候，渾身都是沙、吃飯都是沙、睜開眼是沙、睡覺也是沙、滿炕都是沙。」

與沙漠相伴的是貧困的日子。破舊的小屋，吃了上頓沒下頓，面黃肌瘦的村人，光著腳丫的孩子，神情麻木的牧羊人……剛強的母親以羸弱的身軀和父親共同扛起全家人的生活。她總是天不亮就起床，夜深了還在忙碌。她不僅要讓三個年幼的兒子填飽肚子，還盡心盡力伺候癱瘓的婆婆。無論生活如何艱辛，母親總能讓王文彪兄弟穿得乾乾淨淨，把婆婆的頭髮梳得整整齊齊，收拾得利利落落，背著婆婆到院子裡曬太陽。

少年的王文彪活潑好動，對村旁的大沙漠充滿好奇。「媽媽，我想去沙漠裡看一看。」

「去不得！沙漠進去就出不來了。」

七〇年代風沙肆虐的庫布其

「為什麼?」

「沙漠會吃人,沙漠裡有狼。」

母親的解釋令王文彪將信將疑,他暫時放棄了闖入沙漠的念頭。

庫布其沙漠改變了很多人的命運,也包括王文彪。

參加高中考試,王文彪考到了旗裡的重點中學。他家離旗所在地六十多公里,家門口的沙漠就像大山一樣擋住去路。要去重點中學,需繞道二百多公里。對於貧窮的家境,這根本不可能。

王文彪只好選擇沙漠邊上一個較近的、便宜的非重點中學,不用再穿越沙

漠。即便如此，上學仍困難重重。沙漠讓黃河斷流了。他只好過了黃河，再坐一段火車去那個學校。本來只有幾十公里，結果去一趟得走二天。

不知從何時開始，風沙成為橫亙在王文彪心底的一道陰影。他做不到像母親那樣快樂地與沙為伴過日子，他固執地認為，自己不應該再像父輩那樣平淡地在沙漠邊生活。可是，出路在哪裡？他究竟想過怎樣的日子？

無數次站在村頭，王文彪面對蔓延無際的荒漠，一個念頭在他腦海盤旋：我不屬於這裡！這不該是我一輩子待的地方。無數次王文彪把自己的腳放在沙子上，又收了回來。在沒有路的地方，走出一條屬於自己的路，談何容易。王文彪想離開這個落後荒涼的村落，到城市找一份體面的工作，過上體面的生活。

知識改變命運。王文彪拚命讀書，十年寒窗，終於如願以償考進師範學校。讀書期間，王文彪離開生養他的大漠，在象牙塔裡開始有限地接觸社會，了解這個時代。

一九八四：從老師到主任秘書

一九八四年夏，王文彪被分配到家鄉杭錦旗第一中學任團委書記兼教師。嶄新的生活在他面前鋪開。也許，他這輩子都會在這裡教書，與一屆屆像自己一樣出身貧困的學子為伍，娶妻生子，安貧樂道。

生活的節奏在變快，地球變得越來越像一個村莊。王文彪可以通過更多渠道認識他所生活的年代。

一九八六年，王文彪的人生軌跡發生改變。他離開講臺，被選調到杭錦旗

人民政府當秘書。從學校到政府部門，王文彪最初有些不適應，但對他來說，這的確是一個與以前不同的新天地。

在旗裡工作的王文彪順風順水，被提拔為旗（縣）辦公室副主任秘書。

在杭錦淖爾村，一切似乎都沒怎麼改變。人們日出而做，日落而息，依然吃著沙拌飯！

自從走進杭錦旗人民政府後，再回到家鄉，王文彪發現人們看他的眼神與以往有些不同。在世代務農的村人眼裡，吃上公家糧，捧上鐵飯碗，是一件非常令人羨慕的事情。有些眼光長遠的「能人」，甚至猜測王文彪從此踏上仕途，將來肯定會做大官，衣錦還鄉。

在王文彪考入師範學院那一刻，母親就長長舒了一口氣，多年的夢想已經實現了。擁有這麼一個有志氣的兒子，她很滿足。參加工作後的王文彪，從學校老師到政府秘書，再到縣辦公室副主任秘書，一路走來讓母親感到意外和驚喜。母親的腰桿挺得更直了，一天到晚心裡藏著蜜，她感謝王家祖上積德，出了這麼一位令家族驕傲的後生。

命運總喜歡不經意地和人開個玩笑。已經是「縣裡的官」，大好仕途擺在面前的王文彪，突然要離開縣政府，到沙漠深處當挖鹽工！

村人們除了震驚，還有不少猜測：剛離開沙漠、前程一片光明的娃兒，為何要自尋苦吃再往沙漠裡鑽呢？難道是犯了大錯，被下放到沙漠接受懲罰？一股莫名的氣息在杭錦淖爾村氤氳瀰漫，村人的竊竊私語不時傳進王文彪母親的耳朵，母親的心陰鬱起來。

1988：走進鹽海子

一九八八年新春伊始，中國政府明顯加快了經濟體制改革的步伐。二月九日，全國企業承包經營責任制座談會在北京召開。李鵬指出一九八八年經濟工作主要抓好四件大事，「推行企業承包經營責任制」是其中之一。

二月二十七日，國務院批轉國家經濟體制改革委員會提出的《1988 年深化經濟體制改革的總體方案》，並發出通知。改革是統攬全局的大事，各地區各部門一定要切實加強領導，把改革列入經常性的議事日程。同日，為發展和完善全民所有制工業企業承包經營責任制，轉變企業經營機制，增強企業活力，提高經濟效益，國務院發佈《全民所有制工業企業承包經營責任制暫行條例》。《條例》規定，承包經營責任制是在堅持社會主義公有制的基礎上，按照所有權與經營權分離的原則，責權利相結合的原則，和包死基數、確保上交、超收多留、歉收自補的原則，確定國家與企業的分配關係，使企業做到自主經營、自負盈虧。

四月十三日，經過廣泛徵求社會各界的意見和人大代表的認真討論，中國國家主席楊尚昆發佈一九八八年第三號主席令，公布七屆全國人大一次會議通過的《中華人民共和國全民所有制工業企業法》，從一九八八年八月一日起施行。

四月二十七日，財政部發布《全民所有制工業企業推行承包經營責任制有關財務問題的規定》。指出，合同所有制工業盈利和虧損企業都可根據自身的實際情況，選擇承包經營責任制的具體形式，不能包肥不包瘦，包盈不包虧，確保上交國家財政收入，增強企業自我發展能力，確保企業資產增值，逐步改善職工生活。企業實行承包後，應依法繳納產品稅、所得稅、調節稅和其他各

項稅收。

這一年，中國正處在計劃經濟向市場經濟轉變的過程中，一部分人從政府搖籃，下海走向企業。多年以後，王文彪說：「我去當廠長的那一天，很洋氣，212來接我去上任。」

一輛212吉普車從縣城出發，朝庫布其沙漠腹地行駛。早晨的太陽從地平線躍起，天地盡頭，金色的沙粒似乎正在熔化，形成一條奔騰的火龍。

越野車上坐著三四個人。一位司機，一位年紀大一些，模樣像領導。還有一位年輕人，他就是二十九歲的王文彪。這一天，陽光、空氣、一草一木一粒沙都是嶄新的。王文彪離開公務員崗位，帶著幾件衣服和一箱跟隨他多年的書籍，到六十公里外的鹽廠走馬上任。

庫布其沙漠南緣的錫尼鎮，就是當時杭錦旗政府所在地。距錫尼鎮遙遠的庫布其沙漠腹地，有一片資源富集的湖泊哈拉芒奈湖。湖畔有一個小鹽廠杭錦旗鹽廠。這個當時由伊克昭盟杭錦旗開辦的小得不能再小的企業，被人稱為「手工小作坊」，卻供應內蒙古中西部幾十萬人吃鹽。此時，鹽廠生產難以為繼，已經負債五百萬元，正瀕臨倒閉，要關停整頓。有些職工甚至打算捲鋪蓋走人了。

改革的春風吹遍大江南北，也吹進鄂爾多斯高原。旗政府決定對處於虧損狀態、生產狀況不好的旗裡最重要的企業——杭錦旗鹽廠進行改革，推出「競標承包制」，公開招用承包人。這是當時社會上剛興起的國企改革新事物，用競選承包方式來選擇廠長。

當錫尼鎮的人們尚在議論紛紛的時候，王文彪作出了他一生中最具有挑戰意義的決定，主動請纓參加招標。

旗長問：「說心裡話，你為什麼要去？」

老鹽廠舊址

「就是想實實在在做事，想幹事。」

「難道在旗裡不能幹事了嗎？」

「我想去鍛鍊鍛鍊」。

「那可是一個兔子不拉屎的地方。不要衝動，你再回去好好想想。」

「我已經想好了。」王文彪態度堅定。

在計劃經濟時期，對於農民來說，政府部門是一個「吃香的，喝辣的」的好地方，母親的失望與難過可想而知。

「老王家祖祖輩輩就出了你一個國家幹部，應該知足了。放著好好的幹部不當，放著『鐵飯碗』不要，折騰什麼呢？」

從小就很聽母親話的王文彪有些猶豫了，他不想惹母親傷心。母親的話不無道理，他從來沒有幹過企業，萬一幹不好，怎麼辦？王文彪安慰母親：「我很年輕，想做一點實事。」

面對兒子的堅持，母親無奈地說：「前面的路是黑的，誰也不知道怎麼走才對。你想去就去吧。」雖然不再反對，母親目光裡卻寫滿了擔憂。王文彪懂得那目光，他不敢直視，心中隱隱作痛。

一些朋友也勸。王文彪則堅定地說：「不試一試，怎麼能知道成敗？」

有人冷嘲熱諷，說：「這叫『恐龍蛋換鹹鴨蛋，整個一個傻瓜蛋』。」

王文彪肚裡的回答是——燕雀焉知鴻鵠之志。

旗長親自送王文彪。他知道，等待這個小夥子的不是安逸的辦公室，而是難以想像的殘酷戰場。「你去鹽廠很多同事都不看好，傳到我耳朵裡也有些風言風語。他們說要不了三年，你就得灰溜溜地回來。還有人說不超過三個月，你就得哭著喊著回來！」

「嘴長在別人身上，他們怎麼說我管不了。」

「我當年也像你一樣年輕氣盛，不撞南牆不回頭。」旗長語氣中沒有責難，倒多出幾分欣賞，「說說你對鹽廠情況了解多少？」

「我有一些心理準備……」

越野車駛入沙漠，面前是一望無際的荒沙梁。一陣風來，沙粒打在車窗玻璃上，噼噼叭叭作響。

旗長問：「你以前有沒有到過沙漠腹地？」

王文彪微笑說：「我雖然生長在沙漠邊緣，但媽媽不讓進沙漠，說裡面有狼。」

沙漠根本就沒有路，一腳踩下去，會留下清晰的腳印。吉普車在沙漠中行駛，後面留下幾道深深的車輪印。同行的還有一位刨沙人，攜帶著鐵鍬。遇到沙丘堵路，刨沙人下車剷平沙丘後，吉普車才能繼續走。

鹽廠距離旗政府所在地全長直線距離四十公里，若是普通公路不到一個小時就到了。那天，他們走走停停，用了三個多小時。

在沙梁間分布著的內陸小湖，俗稱海子。終於看到了白花花的鹽海子，看到了鹽廠的大門。一群職工正等在那裡，準備歡迎他們新上任的廠長。王文彪露出笑臉，為了這一刻，他已經等了很久。可是，吉普車剛進廠部院子，卻停下來。

——它被一兩米厚的沙子搗住，拋錨了。

想像中可不是這樣：車把自己送到鹽廠大門前，久候在那裡的職工列隊鼓掌迎接。自己在旗長的陪同下，瀟灑地走下車，鎮定自信、面帶微笑，給鹽廠員工留下一個良好的印象。職工、領導紛紛湧過來緊緊握手，簇擁著他走進鹽廠……

現實是他們被沙漠阻住，尷尬得不知所措。現實與想像的差距，總是這麼大。庫布其沙漠就這樣給了新來者一個下馬威。王文彪急得鬢角冒汗。職工們跑過來，顧不上和新廠長打招呼，又是鏟沙子，又是推車，齊心協力把吉普車從沙窩裡推出來。

一排簡易的辦公室，十室九空。沒有機器的轟鳴，沒有鼎沸的人聲，有的只是隨風飛揚的沙塵和枯草。在鹽廠簡陋的會議室裡，旗長鄭重介紹：「這位

就是你們的新領導王文彪同志。」

會議室裡響起稀稀落落的掌聲。把一個被風沙堵住大門的企業，交給這個年紀輕輕的小夥子，能行嗎？王文彪從人們的眼中看到了疑惑，甚至質疑。

會議室外，職工也在議論。

「新廠長一來就被沙搗住，不是什麼好兆頭。瞧著吧，他幹不長。」

「或許，這是沙漠想留住他，讓他帶著大夥兒奔個好前程。」

二十九歲，在如今的北京城裡，很多人還沒有真正成熟，還是一個大孩子。而王文彪卻要擔負起近百號員工和他們背後近百個家庭的期望與重託。

臨別，旗長給王文彪打氣：「只管放心吧，檔案保留在旗裡，待遇保留在旗裡，等著你三年後回來。」

此時，年輕的王文彪除了一腔熱情，一無所有。

一九八八年五月八日。平原地區正春意盎然，百花爭豔。而沙漠的濃春時節，卻難見一絲絲綠意。

這一天，王文彪做夢也不會想到，它將會成為自己人生最重要的日子之一。在以後的歲月，他會不止一次地提及並回憶這個日子。

某個日子的重要與否，當時自己不知道。或許要等上很多年，才會意識到那個看似平常的日子如此重要，竟然成為自己人生的一個里程牌、轉折點。

坐在破爛的辦公室裡，向左看是一頭毛驢，向右看還是一頭毛驢，辦公室外面還有大大小小好幾頭毛驢。王文彪有些懊悔，自己怎麼來到這麼個鬼地方！

走出辦公室不遠，有四名工人正在打撲克、喝啤酒。對於王文彪的出現，

一九八九年，王文彪繪製發展藍圖

他們甚至帶著幾分敵意。

兩個鹽池，沒有人好好維護，有些地方已泥沙塌陷。鹽湖裡蒙著厚厚的沙子。生鏽的生產設備也快被沙子埋掉了。王文彪在鹽廠轉了一圈，形勢比他想像的要嚴峻得多。

「咱這裡可以說是一張白紙，甚至是一個負數。」陪在旁邊的同事介紹，鹽廠現實的問題是「四無三缺」。無路、無電、無水、無通訊，同時缺人才、缺技術、缺資金。特別是人員思想不統一，企業缺乏潛在的發展後勁。

工業企業沒有電，就像人沒有血液一樣可怕。當時只有一臺柴油機發電，供附近的居民和工人照明，每天晚上一小時。大家都盼著鹽廠來客人，來客人要招待，需要用電，鹽廠就會延長發電時間，大夥兒就能多見一會亮光。

此時的鹽廠，奄奄一息，在剛剛起步的市場競爭中不堪一擊。

那天晚上，王文彪在自己的工作日誌上寫下《孟子‧告子下》中的一句話：「天將降大任於斯人也，必先苦其心志，勞其筋骨。」

鹽廠生產作業很傳統也很艱苦，幾乎每天都有沙塵暴。如果說王文彪從小伴著吹來的沙子長大，現在則是天天和沙漠滾爬在一起。他重新過上比小時還難以忍受的惡劣生活：風嗚嗚地颳起沙子，打在臉上像針扎。睜不開眼睛，連張嘴呼吸都是一件困難的事。

對於新來的廠長，鹽廠職工各懷心事。有人破罐破摔無所謂，有人冷眼旁觀，大多數人雖然心中疑惑，卻仍抱有希望：不管誰來當一把手，只要能帶著大家掙錢，能養家餬口就行。

新官上任三把火，王文彪的第一把火會怎麼燒，鹽廠員工都在看著。有老員工前來請示，第一步工做作什麼？

「治沙！」王文彪脫口而出。

「治沙？庫布其沙漠這麼大，就憑我們這幾十號人，沙沒治了，反過來沙倒把我們給治了。」

「挑一些責任心強、素質相對較高的員工，啥也別幹，就種樹。」

「可是，錢從哪兒來？」老員工攤開雙手。

「鹽廠每賣一噸鹽，就拿出五元錢。咱們一年四季在整個鹽湖周圍，在沙漠邊上種樹、種草。」

王文彪斬釘截鐵，他從工人中選出二十七人組成林工隊，專職清理沙子和種樹。他交代給他們的任務濃縮為四個字：「保住鹽廠！」

為了鹽廠不被風沙吞噬，王文彪和這二十七位員工與沙子較上了勁。因為

風沙太大，沙子清了又來，來了就再清。他們用了近八年時間，在廠區周邊種植了二萬多棵楊樹。

五塊錢治沙，成為王文彪走馬上任後頒布的第一項命令。鹽廠重新恢復生產，當年不但扭虧為盈，還賺了一百二十萬元。超額完成承包指標，令旗領導和全廠員工對他刮目相看。

此時，王文彪不會想到：他一腳踏進商海，就再沒有回頭。

1992：你必須用你手中的牌玩下去

陽光灼照，空氣乾燥，地面如火……沙漠給人們的印象總是「乾渴的世界」，非洲的撒哈拉大沙漠一連數年不會下雨，智利的阿塔卡馬沙漠四百年來只下了一場雨，被稱為世界的「旱極」。

然而，沙漠地區不僅有下雨現象，而且一些地方甚至會降下令人吃驚的暴雨。氣象專家解釋，沙漠地區降雨是一種正常的天氣現象。一般情況下，沙漠降雨量非常少，大部分地區降雨量不足四百毫米。但當沙漠上空有大的降雨天氣系統「經過」時，偶爾會遇到其他氣流的「阻截」而放慢前進速度，或乾脆停滯不前，從而將雲中攜帶的大量水氣以降雨形式傾瀉下來。

一九九二年八月十二日晚八點，茫茫的庫布其沙漠上空突然烏雲滾滾，大雨如瓢潑一般狂瀉而下，地面沙粒被粗大的雨點打得四處飛濺，沙坑萬點。沙漠裡難得的降雨讓一些職工滿心歡喜，雖然風雨打得人睜不開眼睛，他們還是樂意站在雨中享受一番清涼滋味。

暴雨傾盆二個小時後，令人意想不到的事情發生了，雨水在平坦的沙漠腹地匯集成滾滾洪流。洪水咆哮著淹沒了拖拉機，淹沒了廠房。遭遇百年不遇的大暴雨無情襲擊，在鹽廠職工心中還從來沒有過。

　　「氣化廠正在安裝新設備，不能淹了！跟我走！」王文彪帶著大家奔到雨幕中。

　　洪水淹沒了淨化車間，由於水流湍急，沙袋根本無法壘砌。洪水打著漩兒往設備最高處沖，水柱離地面十多米高。

鹽廠「林工隊」種下的防沙樹

　　「一定要搶救出設備！」王文彪不顧一切跳進洪水中，一下就被洪水擊倒。他撲騰著喝了幾口水，向下沉去。幾名小夥見勢不妙，攜手跳進水裡，幾番沉浮才合力把他拖上來。

　　死神伸向王文彪的手，縮了回去。

　　王文彪抹去臉上的水漬，再次帶領員工跳入水中，他們手挽手，肩並肩，組成一道人牆，封堵決口，一點點搶救公司的財物。

　　王鐘濤，一九九二年大學畢業。七月流火，他和一幫大學畢業生從錫尼鎮趕往鹽化廠。路上有兩個地方男生得走著把班車推過去，有些女生在車上坐著，有些女生下來幫忙推。四十多個同學從上午出發，一直到晚上八點多才到達。

　　「在今天這段路程只需用二十多分鐘。沙漠腹地基本什麼都沒有，雖然有

人煙，但這裡相對獨立，和外面的交通、通訊條件都非常差。到了鹽化廠，有一種與世隔絕的感覺。」王鐘濤回憶自己上班第一天的情形，而他關於鹽廠遭遇水災的記憶，則更加深刻：

鹽化廠生產的芒硝，是當時利潤比較好的產品。全都是人工生產，職工用鍬鑣從湖裡挖芒硝，幾千噸、上萬噸、幾萬噸，一窪一窪地堆到湖邊。那天下雨的時候，我和四十多個學生已經下班回宿舍了。

八點多，突然接到通知。因為沒有電話，分管我們這幫學生的車間主任急匆匆跑來說出問題了，大水把好多芒硝給淹了。硝碰到水就會化掉，這種情況下，最容易集中找到的就是我們這幫學生。我們統一住在一排宿舍。

大家急忙趕過去，那裡已經有好多水。一個多小時的沖擊，我們回到車間，很多設備都找不著了。淨化車間裡有兩臺鍋爐，還有一些其他設備。我們開始圍繞這個車間搞防洪。那時候，覺得自己渾身有使不完的勁兒。因為沒有其他東西，只能拿袋子把煤裝起來運走。用打水的槍往外放水，到處都是水，水已經沒到我們的腰部以上。王總好像當時在杭錦旗，不久就趕了回來。我有一個難忘的情景：

防洪的時候，從液壓站一個非常高的地方洩下洪水，把車間兩個大儲水罐沖下去很深。王總著急路過那個地方，突然就掉下去了。確實有生命危險，可謂九死一生，幾個夥伴把他救上來。那時候王總三十多歲，正年輕。他作為一名國家幹部，自己用命去做企業，我們為什麼不能留下來和他一起幹？沒有理由輕易放棄或者是離開。我堅持留下來，一直幹到現在，與這些刻骨銘心的記憶有關係。

王總的車停在一個地方，在那種激情燃燒的時候，大家都忙於防洪，他也忙於指揮，誰也沒注意那輛車。十一點多，洪水過去。王總突然想起要回辦公室找一件東西。這時候一看他的車，由於不斷沖擊，都埋在泥沙裡了。大家想

了好多辦法，車子就出不來。當時司機姓宋。我們這幫人怎麼樣也得把車拿出來。鍬挖挖不出來，推也推不動。二十多個人去抬車，有一個說話有點結巴的同事，使勁兒往起抬，深更半夜又在那種暴風雨中，突然他手裡拿出一樣東西，問我：

「這，這，這是什麼？」

我回頭一看：「壞了，你手裡拿的是一個大燈。」

最後，我們費了九牛二虎之力，終於把車給弄出來了——二十年前這個風雨交加的夜晚，我永遠不會忘！

後來，我們用袋狀的帆布把每一個地方都包起來，弄成土壩，防止把房子沖垮。為了把帆布固定在土壩上，必須用柳樹削的尖尖的木頭橛子把帆布釘

住，讓雨水不至於沖在土壤上。土壤裡還有硝，只要進水，壩一旦垮塌，硝就被水沖走。

第二天，第三天，一個多月的時間，王總基本沒有離開過現場。到現在我仍記得他的背影。王總個子比較大，每天都走在我們最前面，後面上百號人跟著他，拿著木頭橛子不停地往下釘。一站就是幾個小時、幾十個小時。

由於條件所限，沒有大型作業機械，為了保護鹽田，保護產品，公司所有員工，不論男女老幼無一掉隊，人工背沙袋封堵洶湧的洪水。一天下來，所有人的肩膀都被磨破了皮、磨出了血。雖然連續作戰，人困馬乏，但大家毫無怨言。

天有不測風雲。一場百年不遇的特大暴雨帶來的大洪水，將靠曬硝剛有起色的企業沖得蕩然無存，四年的心血白費了。筋疲力盡的王文彪望著被洪水沖毀的原料，眼裡噙滿悲壯的淚水。

絕望的情緒籠罩著鹽廠，有工人失聲痛哭。

「哭能解決什麼問題？」王文彪煩躁地大吼。

工人們圍過來，一雙雙熱切的眼睛望著他們年輕的廠長。

王文彪的心在滴血，企業可以沒了，精神不能垮。他目光堅定地看著大家：「這點天災算什麼！咱們很快就能恢復生產。中秋節要到了，廠裡準備買幾百隻羊，給每名職工發一隻羊。」

職工們熱烈鼓掌，有人議論：「以前過節也就發幾斤羊肉，這次發 1 隻羊，看樣子廠子倒不了。」

王文彪接著給大家打氣：「船破了還有三千釘子，誰說鹽廠垮了？大家放心回家過節。」

無論什麼時候，家裡的門都會為兒子敞開。母親是王文彪心中最柔軟的部分，也是他最堅強的後盾。雖然很多外面的事情母親並不懂，但關鍵時候，母親總和自己站在一起，成為他最有力的支持者。

　　「最近工作怎麼樣？鹽廠一切還好吧？」自從王文彪到鹽廠後，母親便開始關心他的工作。

　　「還好！」

　　「那場大雨，鹽廠沒事吧？」

　　「沒……」王文彪不願把發生的一切告訴母親。他已成為男子漢，應該為母親和家人撐起一片天空，遮擋外面的風雨。他不願母親再為自己的事擔心得睡不著覺。

　　王文彪說：「你背著癱瘓奶奶的時候，心裡是怎麼想的？」

　　「還能怎麼想？繼續過日子唄。不能倒下去，我倒了這一家人怎麼辦？你，咋想起來問這個？」

　　「隨便問一問……」王文彪轉換了話題。

　　幾個月後，鹽海子重新被挖出來，廠房被清理乾淨，設備重新運轉起來，鹽廠恢復了生產。工人們的信心重新樹立起來。

　　王文彪暗暗舒一口氣。這是他做鹽廠廠長以來面臨的最大一次危機。

　　從零開始的鹽廠，生產蒸蒸日上。王文彪請來專家，對鹽湖進行再度開發和研究。在有關科研機構的支持配合下，經過反覆試驗，終於研製出新產品。隨著新產品的順利投產，鹽海子越來越熱鬧，產品一度曾經占到全國同類產品的三分之一，市場供應不求。此舉不僅結束了鹽廠近四十年原鹽單一的生產歷史，也為億利的成功組建奠定了基礎。

開路記　02章

「那個時候年齡也小，敢幹，所以就拍板，咱們就穿越這個沙漠，就修它一條公路。」「在沙漠裡邊修路最大的難度，是人們對在沙漠裡修路有看法，內部人員敢怒不敢言，他們覺得我是胡鬧。」

——王文彪

沙漠裡沒有路

「世上本沒有路，走的人多了就成了路。」魯迅這句話，適合中原，適合江南，但未必適合沙漠。在沙漠走過再多的人，腳下依然是沙漠。一場風過，足印也不會留下半個。

億利的創業之旅依然充滿坎坷。幾年間鹽廠發展很快，由最初的幾萬噸產品，發展到一九九五、一九九六年的幾十萬噸。然而問題更嚴重了：這麼多產品怎麼運出去？

鹽廠在沙漠以南，火車站在沙漠以北，還要跨越一條黃河。中間直線距離六十五公里，若交通條件好，這段距離運輸產品是比較合理的。但由於沙漠堵著，運輸車不得不繞道走三百三十公里沙漠邊緣公路，才能到達火車站。一噸鹽的成本因此增加六七十塊錢，一噸鹽總共就賣幾十塊錢。實際上產品的一點利潤，全部耗到了路上，而且虧損。最後，這種運輸模式也持續不下去了。

王文彪在鹽海子周圍轉悠。林工隊折騰了幾年，在鹽湖周圍種了不少樹。王文彪發現這種小打小鬧地治沙是一種徒勞，根本解決不了問題。沙漠越來越大，風沙越颳越猛。運輸道路多次被沙阻斷，運輸花費的時間越來越長，產品

運不出去！

「我們的出路究竟在哪裡？」因產品運不出去，企業一次次面臨停產，王文彪時刻都在默默地問自己。其實，第一次進鹽廠，他就在思考，鹽廠要活下去必須解決兩大問題：第一，要找到鹽廠的生命之路，找到一條運輸通道，否則鹽廠沒有任何希望；第二，只有把風沙止住，才能保障鹽廠資源的安全、企業的安全，才能有人願意來。每天風沙滾滾，誰會來這種地方？

A 方案，就是要穿越沙漠找到一條生存之道；B 方案，就是等待自生自滅。沒有 C 方案可供選擇。不進則亡。一九九六年的時候，王文彪已不能停留在思考層面，他要行動了。

王文彪把班子主要成員召集起來開會：

「自從我做了這個鹽廠的廠長，儘管發展得不錯，有幾十種產品，但由於沙漠阻擋，沒有路，沒有電，沒有通訊，甚至沒有喝的水，在這樣艱苦惡劣的

無邊無際的沙漠

環境下，要想發展，越來越難。我有一個想法，能不能把庫布其沙漠切開，修一條路？」

「修路？在沙漠裡怎麼修路啊？」

「那可是死亡之海，從沒有人進去過。」大家用不可思議的眼光看著他。有人分析得更具體：「修路沒有技術，不可能修好；修通路怎麼養護路？鹽廠規模不大，要修一條路得花很多錢。剛剛起色的小鹽廠能否承擔起如此重任？這麼多的錢從何而來？」

「你們的擔心是正確的。這種風險意識我也有。但不做，就是等死，鹽廠就得解散，各回各家。做了，才有希望。」王文彪推心置腹地說，「鹽廠是國有企業，怎麼能解散呢？我灰頭土臉回去，沒辦法給組織交賬，也沒辦法給家人交賬。我們還有別的辦法嗎？我們的企業連關門的資格都沒有。」

一位老職工指著他的鼻子說：「幾百年來沒有人敢幹的事情，你王文彪能幹成？我看不是得意忘形，就是腦子出了毛病！」

韓美飛原來在一所中學做校領導，和王文彪既是老鄉，又是同學。一九九五年，王文彪說：「公司裡需要人，你來吧。」家裡人都反對，做教師挺好，跑到一家老企業做什麼呢？韓美飛沒有聽家人的勸告。

當時，企業挺困難，吃飯都成問題。公司成立了大項目，韓美飛負責土建施工，一年時間，工廠就建起來了，但產品卻很難及時運往天津港。

王文彪提出修穿沙公路，不只是韓美飛，老領導都認為風險很大。韓美飛說：「從我跟他一塊工作開始，『統一』這兩個字真不是很容易講出來的。」

多年以後，央視記者問：「如果修路不成，你又該怎麼向自己交賬，向大家交賬？」王文彪微笑著說：「我這個人還是比較樂觀的。」

要在茫茫的沙漠上修建一條公路，首先擋在王文彪面前的攔路虎就是資金。「那時候我對這些問題的決策還是比較武斷的，就這麼幹，出了問題我負責。如果不這樣做，我認為這個企業不可能活下去。不服沙漠，沙漠就會吃掉我們。被沙漠吃掉是死，與沙漠抗爭也是死，既然怎麼都是死，還不如放手一搏，幹他一場！」

央視記者追問：「對賭一把，勝算有多大？」

王文彪答：「我覺得是勝敗各半。我們沒有這種技術，沒有經驗。儘管我出生在沙漠的邊緣，對它比較了解，但我確實沒有進過沙漠裡邊。」

更多的質疑聲傳到王文彪耳朵裡。只有想不到，沒有做不到。不嘗試，怎麼能知道不會成功？不會安於現狀的王文彪努力做大家的思想工作，大會小會上談，私底下與員工交心。越來越多的人站在他的身後，沒有人反對了。

大家只是懇切地看著他：「王總，難啊！」

激情燃燒的日子

一個「難」字重重地壓在王文彪的心頭。

萬事開頭難，但如果不行動，就永遠不會有進展。王文彪專門組成了沙漠修路工作組，進沙漠調研之後，拿出了修路的具體方案。然而，當財務把核算結果放在他案頭時，卻給王文彪當頭潑了一盆冷水：

修路資金至少需要七千萬元。

在二十世紀九〇年代，鹽廠總共加起來也沒有多少資產。鹽廠一年的收入只有四五千萬，要拿出這麼多錢修路，難比登天。王文彪陰沉著臉在鹽廠轉來轉去。廠房裡堆積著如山的產品，設備處於半停產狀態。一位工人抖落著雙手詢問：「王總，怎麼辦啊？」

不修路，鹽廠死路一條；修路，鹽廠又沒有錢。進退兩難的王文彪一咬牙，決定籌錢。他親自跑金融機構貸款。

「什麼？要在沙漠裡修路？」金融機構的負責人像聽天書一般，「錢放出去打了水漂，這風險我們不能擔。」

銀行不傻，一口回絕。好話都說盡，王文彪就差跪下求人，仍毫無效果。

躺在簡陋的招待所裡，王文彪閉目沉思。一條又一條求錢的路被堵死，還能有什麼辦法？他想到了政府。對，去找政府，讓政府找銀行。

後來，王文彪回憶：「我當時上躥下跳，找自治區的領導，找盟裡邊的領導，找旗裡邊的領導，通過多次說服，還因為這件事感動了我們的自治區領導。」

王文彪給自治區領導講了他第一次去鹽廠上班的故事。領導不相信：「是真的嗎？」

「上班第一天，廠部門前就是一堆沙子，我坐著 212 都過不去。鹽廠怎麼發展？鹽廠負責內蒙古很大一片區域的鹽的供應，如果鹽廠倒下，就變成民生問題了。」

領導很重視民生，立即說：「這可不行。」

自治區領導決定親自去實地考察。那天，偏趕上沙漠起大風沙，從盟裡到鹽廠，正常情況下走二個小時。但領導要路過沙漠，要親眼看看沙漠究竟多麼

艱難。結果，他走了八個小時才到。

領導本身有腰病，一連坐了八個小時的車，痛苦不堪。王文彪在旁邊看著都心疼。領導真正感受到沙漠道路的重要性，說：「我一定得支持做這件事情。」

盟委領導是一個很幹實事、幹大事的人，了解鹽廠情況後，親自在鹽廠開了一個現場會，把各大銀行的行長都請來，動之以情，曉之以理：

「我給你們作揖了，我請你們支持他，把這一條路修通。」

得到自治區領導的支持，盟委領導又親自出面。有政府這個強大的靠山，銀行同意貸一部分錢，再加上企業自己出一部分錢。功夫不負有心人，王文彪東挪西借，終於湊足了七千五百萬元修路款。

初春的庫布其沙漠，風捲沙揚，沙礫撲打在人的臉上像針扎一樣。一九九七年四月三日，王文彪和鹽廠的員工懷裡揣著乾糧，頂著風沙，拖著帳篷，走近大漠腹地，與施工隊一起開始修建公路。面對茫茫庫布其大漠的特大沙段，面對肆虐的沙塵暴，面對一無技術二無先例的條件，王文彪與工人們同吃、同住、同勞動。

修路先要先打路基。所謂路基，是按照路線位置和一定技術要求修築的作為路面基礎的帶狀構造物，它是公路的基礎，是用土或石料修築而成的線形結構物。依材料劃分，路基可分為土路基、石路基、土石路基三種。

在沙漠裡打路基，比平常鋪路基要困難得多。推土機打頭陣，把十幾米高的沙丘推平，推出路面，工人們再緊跟著打路基。當年參加過築路的韓美飛說：「沒有好機械，大型的七十五馬力推土機就是最好的，又不能拿推車推，進度很慢，幾乎全是靠人、推土機完成。」

一九八八年公司創業即加入億利的王瑞傑，參加過修路勘查路線，是項目的具體負責人。他感慨地說：「沒有親身經歷過，不知道其中的苦。庫布其黃沙漫天，酷熱難熬，平均氣溫在四十攝氏度左右，不要說幹活，就是站在那裡也讓人難以忍受。」

「天當被子地作床，黃沙拌飯可口香。」職工們只能帶一些簡單的生產用具和生活用品，每天啃著乾巴巴的乾糧。帶的水喝完了，在沙漠的濕地就地挖井取水，有人形容這些經歷像上甘嶺。

大家苦中作樂，以苦為樂，發明了一種聞所未聞的「羊肉麵」做法：把穿在身上的白茬皮襖脫下，反過來當作麵案，把麵粉和起來，去孔兌溝裡撿塊長條石頭當作擀麵杖擀薄，架起篝火，用手撕成片在鐵飯盒裡煮熟，再撒點鹽，就成了一頓雖沒有肉，卻帶有羊羶味的「羊肉麵」。

韓美飛說：「要打通六十多公里沙漠，在那麼偏遠的地方有時候一天喝不上水，吃飯更成問題，在沙漠裡怎麼生火做飯？」

當年參加過修路的員工王義說：「幾百人參加修路，吃住都在沙漠，搭沙子帳篷。一日三餐都是饅頭和沙子一塊進嘴，一張嘴，沙子自然而然就進去了。晚上住帳篷，特別冷。」

「清湯掛麵碗底沙，夾生米飯沙磣牙，帳篷臥聽大風吼，早晨起來臉蓋沙。」這首順口溜記錄了當時修路工人遭遇的真實情景。

要致富，先修路。路有了，過富裕生活的日子就不遠了。大家心氣兒高漲，幹活也特別賣力。看著人聲鼎沸的場面，王文彪很高興。只有行動起來，夢想才能成為現實。然而，從夢想到現實的道路，從來都不是一帆風順。

第二天，王文彪一早趕到修路現場，面前的情形讓他高昂的心情猛然一沉——修好的路基不見蹤影，滿眼都是漫漫黃沙。

一九九七年春，億利集團進入庫布其沙漠腹地修築第一條穿沙公路

「一夜之間，黃沙就把路基蓋住，昨天的血汗都白流了。」有人嘆息。

「王總，現在怎麼辦？」身邊的人焦灼地問。

「重新推路基！」王文彪毫不氣餒，果斷下令。

「再被沙子蓋住，咋辦？」

「那就再推！」

韓美飛回憶說：「剛剛修成的路挺好，大風吹一晚上，次日六米寬的路面，沙子堆得老高，車從這面走不到那面。」

王義說：「修路的材料運輸主要靠駱駝。材料在幾十公里以外，駱駝走得

特別慢。大家在等材料進來的時候，公路又變成了沙漠。」

他們推了埋，埋了推，一晃三個月過去，路卻毫無進展。

「沙漠裡修路怎麼可能？這不是胡鬧嗎？」有人開始埋怨。

「多少錢都撒進沙粒裡了，連個水花都看不到。」有人開始質疑。

在沙漠的打擊面前，一部分人的信心動搖了，不和諧的聲音越來越多地傳入王文彪的耳朵。他雖然表面不動聲色，實際卻心急如焚。

王文彪對員工們說：「這是一場人和大自然意志的較量！誰先投降，誰就輸！我們的企業不能關閉，我們沒有輸的資格！再難也要堅持！」

「絕大多數人沒有任何退縮和怨言。」韓美飛說，「當時條件那麼艱苦，環境那麼惡劣，大家還相信王總說的這條路一定能夠修得出來，大家特別有信

勞動過後，簡單又快樂的午餐

熱火朝天的修路現場

心。」

　　修路大軍加緊工期，到年底，終於修成了全部路基。

沙漠全民總動員

在庫布其沙漠，一夜大風就可以移動幾座巨大的沙丘，更別說淹沒一條公路了。幾十米高的沙丘彼此相連，緊逼公路兩旁，隨時有可能將這凝結著人們汗水與希望的穿沙公路吞沒。

路基通了以後，最重要的問題就是：一夜之間，全被風沙埋了。對於辛苦的修路人來說，這是最痛苦的。但也在他們預料之中。從築路伊始，王文彪們就與沙漠展開了堅苦卓絕的鬥爭，修路、護路幾乎同時進行。按照規劃設計，穿沙公路兩側必須植樹種草，設置密密的沙障，才能防止沙子侵襲，保證道路暢通。

修路難，護路更難。王文彪向廣大參加修路的民工問計：「有什麼辦法讓路基不被流動的沙丘淹沒？」

「如果能把沙子固定住就好了。」一位民工說。

王文彪眼前一亮：「有什麼辦法能固定住沙子？」

「用沙柳條插成網格形狀，能把沙子固定在網格里。」從沙漠中找來死去的沙柳枝條，編成草方格，然後固定在道路兩側，這種方式叫打方格。

第二天，路基竟然沒有被沙子淹沒。王文彪興奮地連聲說：「太好了！就用這種辦法。在全路推廣，在網格裡再種上沙蒿！」

適逢八月，進入雨季。下了點雨，黃沙不再飛揚，加上網格固定的作用，路基終於沒有再遭黃沙淹沒的命運。

一九九八年，春天植樹的季節，王文彪和他的團隊與沙漠為伴，與風暴共

舞，沒有休息天，沒有節假日。春季過後，每個人都瘦了一圈，臉脫了一層皮，嘴唇裂開的血口子，到冬季才能恢復。然而，春天植下去的樹苗，往往剛到夏天就被沙暴狂風吹得無影無蹤。於是，第二年再去種。

兵來將擋，水來土屯。有難題大家一起想辦法解決。王文彪帶領他的團隊，在沙漠裡流血流汗。路，在他們的腳下一點點向前延伸。到一九九八年底，路基終於全部鋪上了砂石子。

一年又一年，修建穿越庫布其沙漠的第一條路，已進入第三個年頭。

一九九九年開春，王文彪吃驚地發現，凡是樹活了的地方，高高的沙丘不見了。原來樹長高後，固定住沙丘無法移動，風一吹，沙丘的沙子落入低處，填平低坑，沙漠變平了。

「沙漠裡種樹不需要把沙漠推平！」他興奮得像獲了大獎，全線部署，一

壯觀的治沙場景

打網格

邊在沙漠裡直接種樹，一邊硬化已成型的路面。

十月，瓜果飄香的季節。經過一千多個日日夜夜艱苦奮戰，一條被譽為「大漠奇蹟」的穿沙公路終於修成通車了！

這一天是一九九九年十月八日。

「六十五公里的路，整整修了三年啊。在沙漠裡修路，我們修成了！」王文彪在通車慶典儀式上，語聲哽咽。

現場許多參加修路的職工都忍不住落下激動的淚水。

這是一件極具風險和挑戰的事情，因為在沙漠腹地從未有人做過這樣的事。沒有技術支撐，沒有先例可循，沒有可靠的地質資料，沒有足夠的資金。他們擁有的，是無畏的勇氣和膽略，是政府的支持和廣大鄉親的積極參與。杭錦旗政府組織動員機關幹部放棄節假日扛起了鐵鍬；沙漠裡的農牧民兄弟放下牧羊鞭，背起了草籽樹苗……

滴滴汗水粒粒沙，這條路背負著庫布其沙漠幾代人的夢想。王文彪感慨：「這是我最大的慰藉，也是我這一生夢寐以求的事情。我就出生在庫布其沙漠，我的童年曾經過著與他們一樣的生活，我也深受其害，深知其苦，但我同時也深深地愛著這片土地。」

一條生命之路

公路即將建成通車的時候，王文彪驅車在穿沙公路上考察。

聽說是修路的老總過來了，一位蒙古族老大娘領著兩個孫子跑到王文彪身邊。老太太眼裡滿是淚水，緊緊攥著王文彪的雙手對她的兩個孫子說：「來，過來給這位修路的叔叔跪下磕個頭。要不是這位叔叔，你們可能一輩子也出不了沙漠。」

王文彪說，這是他做企業多少年來最想掉眼淚的時候。

在修路之前，王文彪曾親自深入沙漠做調查。怎麼才能進到沙漠裡呢？一位職工出主意：「開著鹽廠的鏈軌拖拉機試試。」

王文彪覺得鏈軌拖拉機的鏈條是軟的，接地面積大，對付沙漠沒問題。事實告訴他，鏈軌拖拉機在沙漠面前那麼不堪一擊。十幾米高的沙丘擋在面前，鏈軌拖拉機爬沙丘時，翻了下來。

王文彪不甘心，連闖了幾次，都是連人帶車從沙丘上翻下來。緘默的沙漠好像在以這種方式拒絕這位闖入者。

王文彪決定實施第二方案：組織駱駝隊進沙漠。王文彪終於進入沙漠腹地。他被震撼了：大漠浩瀚，朝日渾圓，如詩如畫。此時的沙漠寧靜而坦然，彷彿在無聲地召喚著他。在大自然面前，人顯得那麼渺小。

這次調查，給王文彪留下難以磨滅的印象。沙漠裡難得見一棵樹。放眼望去，不見一絲綠色。看不到任何動物，連一隻兔子都沒有，難怪人們說這是個「兔子不拉屎的地方」。

走上半天或一天，未必能看見一個人。令王文彪吃驚的是，在如此荒涼的沙漠中，竟然生存著零散的牧民。他們常年吃不到新鮮蔬菜和鮮活的食品，購買柴米油鹽等生活必需品，得到百十公里之外的商店。曾住在沙漠腹地的牧民格什道格陶說，因為沒路，他只能騎馬或駱駝去購物，來回一趟要走兩三天，一次得購半年用的生活用品。

一九九八年，庫布其第一條穿沙公路

　　當地人蓋一座像樣的磚房，只能通過羊拖馬拉，從上百公里之外運回建築材料，每塊磚的造價比外面高出兩三倍，一幢近百平方米的磚房，總造價高達幾萬元，相當於一個中等城市的房價。

　　沒有大夫，沒有醫療保障，人們看病只能騎馬騎駱駝出去找醫院。如果是急病，後果可想而知。若走不出去，只能活活等死。婦女生小孩，如果出現問題基本就沒命。四五天才能走出沙漠，即使找到大夫，黃花菜都涼了。

　　沒有路，孩子要找寄宿學校，一個剛斷奶的孩子就要踏上遠離家鄉、遠離父母的求學之路。走不出沙漠，讀不了書，在沙漠裡是普遍現象。王文彪回想自己童年讀書的遭遇，這些孩子的經歷有過之而無不及。

　　全長六十五公里的穿越庫布其沙漠的柏油路建成通車，一通百通。

它使鹽廠不僅每年節省一千多萬元的運費，還解決了其運輸瓶頸問題。鹽海子的產品從此走出大漠，走向世界，硫化鹼的市場占有率一度達到世界第一。

　　它不僅解決了當地一萬多農牧民交通運輸問題，帶動了地方經濟的發展，還解決了沙區百姓看病難、上學難、購物難等諸多困難，拉近了與城裡人的距離，從根本上改善了沙區老百姓的生產和生活方式。

二〇一四年穿沙公路兩側綠意蔥蔥

多年以後，人們對它這樣解讀：中國第一條穿越大漠死亡之海的人流、物流、信息流的大通道。夢想引領人生道路，現實修正人生夢想。王文彪通過實踐，摸索出了一條「路、電、水、訊、綠」一體化的治沙模式，路修到哪裡，電就通到哪裡，水就通到哪裡，通訊就通到哪裡，綠化就輻射到哪裡。

鹽廠上下員工喜氣洋洋，從此，他們可以過上安心的好日子。幾乎所有人都認為，這一次王文彪總該心滿意足、全身心投入到企業的生產經營上來了。可是，細心的職工發現，他仍然在忙碌，從早到晚不是處理鹽廠事務，就是翻書查閱大堆的資料。

小富即安，王文彪完全可以躺在已經贏利的鹽廠享受快活。大家再一次錯了，一個更宏大的計劃正在他心中孕育。王文彪沒想到，他的這個戰略規劃一出臺，就遭到包括政府領導、單位同事百分之九十九的人的反對，讓他再次陷入孤立無援的人生絕境。

治沙記 03章

「從治沙來講，起初我們是為了活命為了生存。後來，特別從一九九六年修這條公路以後想法就變了，就不只是活命和生存的問題。人總得有一份責任，我畢竟生在這個地方、長在這個地方，沙漠養育了我。反正進來了，你企業的事得做，老百姓的事也得做。」

「這二十六年裡，庫布其治沙人必須要面對大自然最嚴峻考驗。但藏在鏡頭背後比乾旱、比烈日、比絕望無垠的黃沙還要嚴峻的考驗，就是嘲笑和質疑、壓力和孤獨、猶豫和誘惑。」

——王文彪

春季大會戰

春天，庫布其沙漠也甦醒了。瑞雪化去，細沙變得酥軟濕潤。如果你深深地呼吸，不僅可以嗅到春天的氣息，還可以嗅到沙漠特有的那種生命的氣息。

像聽到了遠方的呼喚，甘肅、寧夏、遼寧、吉林，甚至更遠的山東、河南、新疆的打工者不約而同朝這裡趕來。有的坐火車，有的坐長途汽車。也有親戚朋友、宗親兄弟合包了一輛麵包車。冷清了一個冬季的庫布其沙漠，彷彿一夜之間就熱鬧起來。

相熟的老張和老劉又碰面了，免不了一陣寒暄。

「年過得如何？家裡又添新人了？」

「去年在這裡掙了不少錢？小洋樓蓋起來了吧？」

「不賺錢，種樹就是個辛苦錢。」

「你是一個種樹高手，成活率比我們都高！還說不賺錢？誰相信。」

新的種植區已經劃分好了，有專門的車送來樹苗。種樹的家什自己帶，一把鐵鍬、水壺、水管等，也有就近購買的。獨貴鎮上的生意人早就有了經驗，知道開春這個時候，來沙漠種樹的人需要什麼，早早就備齊了貨，盼著來一個開門紅，生意興隆。

種樹已經有經驗了。過去鐵鍬挖，費時費力，成活率卻很低。現在用氣流

春季造林比賽現場

氣流法植樹

植樹。一個長水管連接水源，水管這頭是根長長的鐵管。通過它能把強力的水送進鬆軟的沙子深處，然後迅速插上沙柳。一個熟練的種植高手，十秒鐘就種出一棵。

興致來時，大家進行比賽。「一、二、三，開始！」幾個高手迅疾開始種植，當然需要幫手，拉水管、水沖、插枝！

旁邊觀戰的拍手叫好，他們也不是沒有目的，是向這些植樹高手學習訣竅來了。

雖然辛苦，但體力勞動者的心靈卻是最單純、最率真，最快樂的。人們在種植間隙，也會停下來抹一把臉上的汗。因為長時間陽光炙烤，捂了一冬已經白皙的皮膚，又變回醬紫色。

有人唱起了秦腔，把詞給改了，「八百里秦川」改成了「八百里沙漠……」；有人唱起了蒙古長調，悠揚的歌聲，把人們帶到了一望無垠的大草原；有些人則瞇起了眼，想像著不久的將來，這裡也會變成綠草如茵、動物的樂園，這當然也有自己的一份功勞，不由自主地咧開了嘴；還有人唱起了豫劇：「老寇準下朝來，一邊走一邊長嘆……」；本地人也忍不住了，把新學的古如歌哼唱起來，又把人們拉到久遠的過去。一時間，庫布其成了各地劇種展示的大舞臺。

年輕人不甘落後，唱起了王力宏、羽泉，也有人故意細了嗓子唱王菲、鳳凰傳奇，或者新晉歌星鄧紫棋。

寧靜的沙漠，變成了沸騰的海洋。

沙漠深處離最近的鎮也有幾十公里。沙漠裡也沒有中原那樣的村莊和人家，人們就自帶帳篷。白天種樹，晚上在工地睡覺。飯不必自己做，這裡也做到了行業分工精細化，有專門的做飯人員，把白饅頭、米飯、炒菜（大多是大

燴菜，味道還不錯）送到田間地頭。一聲招呼，人們紛紛聚攏來。

大家熟稔起來，喝點小酒，吃點小菜，聊會小天。

夜晚來了，一輪明月當空照，勞累一天的人們終於可以休息了。要好的朋友又聚在一起，坐在細沙上，聊起家長裡短，聊起夢想。有人夢想早點抱上孫子，有人夢想能娶一個漂亮媳婦，有人夢想在老家蓋起一幢二層的別墅。

老張家說起自家後生，那位仍在埋頭種樹的小夥子。「媒人倒是說過幾個，也見了幾個，還有一個在東莞打工，這小子就是不肯答應。」一邊說一邊滿是父愛地瞪那邊幾眼。

李家也趁機偷窺兩眼。其實，李家瞄上小夥不止一兩日了。兩家做鄰居種樹，抬頭不見低頭見，小夥子的稟性脾氣都摸得大差不差了。憨厚老實，雖話不多，但說話在理兒，便嘆息：「家裡有個丫頭，二十大幾了還沒人家，女大不中留，留來留去留成仇啊！」說著，掏出手機，翻了翻，遞給老張家，「瞧，俺閨女。雖算不上數一數二的，但這眉眼十里八村也是難找第二個的。性格當然好得很，懂得孝順，又聽話……」

老張家瞪大眼睛看，束著長髮，細眉大眼，眼睫毛一根根能數得清楚，唇紅齒白，果真是一個俊秀妹子。兩個中年人又相互過了幾招，忽地緘默了。各自心裡盤著小九九，悶頭抽菸。好半晌兒，幾乎同時開口：「要不然讓他們……」

都不說了，都大笑起來。心都想一塊了。門當戶對，都是老實本分人家，都在這庫布其種樹，便相互留下了電話、地址。

今年種樹換了新地方，老朋友又見面了，「老傢伙，倒是越活越年輕了。」

「老了，你倒快活得很，去年賺了不少錢？」

「賺啥子，不賠就滿足了。」

「種樹能賠？咱就出個體力，咋就賠了？大不了汗白流了。你倒是說說，你家的小洋樓是咋蓋起來的？」

「別說我，你的小轎車啥時候買的？」

有人特意去看往年自己種下的沙柳或胡楊，看到吐綠發芽，或者鬱鬱蔥蔥，心裡甜滋滋的。既能種樹綠化沙漠，又能賺錢，這生意還能到哪裡找去？人活著，不就是圖一快樂嗎？暗暗下決心，今年再多種一些。這些老實巴交的農民打工者，在這裡認識了一個新詞——成活率。他們在春天種下的樹，到了秋天，根據成活多少，得到相應的報酬。

從三月初到五月初，前後兩個多月的春季大會戰結束了。

很多人在沙漠裡已經待了兩個多月。原本光禿的沙漠，被植上了樹苗，下一步就是盼望著它們都能成活。甘肅人和陝西人成了朋友，相約來年再相聚沙漠，一起種樹，還做沙漠鄰居。

錢學森的治沙藥方

「常常是最後一把鑰匙打開了神殿門，不要失去信心，只要堅持不懈，就終會有成。」

——錢學森

科學的力量是無窮的，在人類發展史上，科學家往往發揮著難以想像的作用。

　　錢學森，著名科學家，空氣動力學家，中國載人航天奠基人，中國科學院及中國工程院院士，中國兩彈一星功勛獎章獲得者，被譽為「中國航天之父」「中國導彈之父」「中國自動化控制之父」和「火箭之王」。由於錢學森回國效力，中國導彈、原子彈的發射向前推進了至少二十年。

　　「利用現代化技術，在沙漠裡發展知識密集型產業，將在二十一世紀引發人類歷史上的第六次產業革命。」早在一九八四年，這位科技泰斗就預言說，「西部中國十六億畝的沙漠戈壁，將會為共和國生長出幾十億財富。」——中國學術界將其稱之為「錢氏沙產業理論」。

　　錢學森把沙產業定義為：在「不毛之地」搞農業生產，而且是大農業生產。這可以說是一項尖端技術。他認為，沙產業要充分利用沙漠戈壁上的日照和溫差等有利條件，推廣使用節水生產技術，搞知識密集型的現代化農業。

　　這一天，王文彪把一份資料交給幾位鹽廠領導：「錢學森早就給出了開發沙漠產業的辦法，『多採光，少用水，新技術，高效益。』這對我們來說就是最好的指導意見。」

　　「廠長，你這是什麼意思？」

　　「我們以前是守著金飯碗要飯吃！」王文彪說，「這裡還有一份材料，大家有時間可以學習學習。中國沙漠化防治專家劉恕認為，沙產業有四條標準，一要看太陽能的轉化效益，二要看知識密集程度，三要看是否與市場接軌，四要看是否保護環境、堅持可持續發展。」

　　幾位鹽廠領導疑惑地看著王文彪，他們的這位帶頭人又有什麼新的點子？未來的鹽廠將走向何方？對於庫布其沙漠，他們還能做些什麼？

大家不知道，王文彪和他的庫布其沙漠綠化行動才剛剛開始……

嚴峻的考驗

王文彪回家探望母親。回鹽廠的路上，目睹風沙對百姓生活的折磨摧殘，不由得回憶起自己十八歲那年的舊事：

因為大量的沙子堵塞，黃河斷流了。政府組織黃河挖沙行動。各村出勞動力，把黃河裡的沙挖出去。十八歲的王文彪剛高中畢業，也去參加勞動。

「小孩啊擔那麼兩筐沉甸甸的沙子，我感覺到腰都被壓得發出了嘎嘎的聲音。」王文彪對此深有感觸，「下游的老百姓守著黃河，卻喝不到黃河水，這是一件很痛苦的事情。」

一個聲音在王文彪腦海盤旋：你該為治理黃河做點事情了。

二〇〇〇年，王文彪決定實施他的發展沙漠綠色經濟產業的宏偉規劃。在班子成員會議上，他提出：「圍繞黃河大規模種樹，種甘草，發展醫藥產業，既保護黃河，又能擋住颳來的風沙，名字就叫——防沙護河鎖邊林。」

王文彪早有研究：在沙漠的四周種樹比較容易。要想徹底治沙，首先要鎖住沙漠四周、滲透腹部，先易後難、先外後內。他讓專業人士算了筆賬，初步實施黃河鎖邊林工程，至少要投入幾個億。

王文彪竟然想在黃河身上做文章！班子成員全都不可思議地看著他。

「作為企業，我們應該主要考慮企業自身的發展，如何擴大再生產，提高

黃沙中頑強生長的綠色

效益。治沙是國家、政府的事情，我們沒有資本，也沒有實力去做。」

「治沙成本那麼大，企業效益再好也拿不出那麼多錢。大批資金投入，不是馬上就能給企業返回利潤。沙沒治好，把企業掏空了，我們吃什麼喝什麼？」

一位年長的副總開口說：「黃河那麼長，是咱一家企業能護的？王總，你的胃口太大了。」

其他人都沉默著。

王文彪接著動員：「沙漠裡遍地都是錢。庫布其沙漠改造後，種植甘草和沙柳，發展沙漠甘草天然藥業產業和生物能源產業，將產生巨大的效益。我們

要放眼長遠，做長久打算。」

然而，任憑王文彪說破嘴皮，在億利內部同意他這個發展沙漠事業戰略的人仍寥寥無幾。有人笑他：「在沙漠中種樹林？想樹想瘋了！太異想天開了！」

「王文彪，我看你是被修路的成功沖暈了頭腦，你這是要把鹽廠往死路上領啊！」

「你可以為自己撈資本，但不能拿大家來做賭資！」領導班子會上的火藥味越來越濃。兩名高管由於無法認同王文彪的沙漠經濟戰略，辭職了。

最決絕的拒絕，就是轉身離開。

王文彪陷入痛苦中。這麼多人反對，難道自己錯了？如果決策失敗，後果會怎樣？歷來都是沙進人退，要改變這種千百年形成的局面，變成人進沙退，是不是天方夜譚？從歷史上看，人類與沙漠的鬥爭，大多以失敗告終。難道自己不知道嗎？

但這一切都沒有阻擋住王文彪搞黃河鎖邊林的決心。想五年就收回投資，還讓天更藍，沙漠變綠，天底下沒有這樣的好事。治理沙漠週期長，大規模，大投入，見效慢，如果沒有耐心和堅持，肯定做不成！一味想著失敗，想著退路，更幹不成事。

「由於我是企業負責人，在內部做一些決策時也比較強硬，所以大家不再敢說什麼。」王文彪最終的決定平息了企業內部的爭議。可是，外界接連不斷傳來的質疑和非議又讓他始料不及。

一些領導很不理解：「這個傢伙是不是在做什麼政治文章？」「是不是在做一些沽名釣譽的事情？」「是不是想通過沙漠，向國家整一些投資？」更有

人在背後指指點點：「無利不起早，這傢伙如此拚命跟沙漠較勁，一定有什麼不可告人的驚天陰謀。」

面對質疑，許多人會猶豫甚至放棄，但王文彪不會。

「既然認為這個路是對的，再苦再難我們一定要走下去，只有這樣你才有成功的把握和希望。」「就種樹而言，種一棵樹不難，種一天樹不難，種一年樹也不難，但如果說種個二三十年樹，種個幾千平方公里樹，我看這個就是比較難的一件事情，就是要堅守。」

「動力還是發展。我對沙漠抱有很大的希望，我認為這種希望得到了現實的驗證。」

「如果失敗了，最多也就是投資收不回來。」

黃河鎖邊林是治理沙漠產業整體戰略中的重要一步，黃沙從那裡颳來，那裡是治理沙漠的源頭。不管別人說什麼，王文彪下定決心幹下去。他堅信自己發展沙漠產業的企業戰略前瞻性是對的，難的是讓大家理解他構想的企業發展長遠戰略，形成團隊精神。

在接受一位記者採訪時，王文彪講到一則往事：

「有一位大作家，我不認識他，但我看過他的小說。去年他領著夫人到沙漠來，我本來心情很好，中午想請他吃頓飯。他一進門就神情嚴肅地說，你腦子是不是有問題？說得我很驚異，他怎麼不尊重我。我說，我腦子沒問題。他說，你腦子有問題！我說，你說我有什麼問題。你為什麼在沙漠裡邊做這件事情？別人不做你做。我說，你是說的這件事。我再給他認真地講我為什麼這樣做，他後來說『我理解了』。」

十幾年後，王文彪說：「這二十六年來，庫布其治沙人必須要面對大自然

最嚴峻的考驗。但藏在鏡頭背後比乾旱、比烈日、比絕望無垠的黃沙還要嚴峻的考驗,就是嘲笑和質疑、壓力和孤獨、猶豫和誘惑。」

沒有徹骨的感受,不會有這樣深刻的感慨。

高處不勝寒。王文彪曾深切體味到決策者的孤獨。傷過,痛過,害怕過,就是沒有後悔過。一切過去之後,王文彪依然堅持自己要走的路!先人堅持、堅韌、堅守的血性,仍然流淌在他的血管裡。

讓王文彪說一句「謝謝」不難,但他絕不會輕言「放棄」。

熱血大漠

從一九九九年開始,王文彪就已經開始全面治理沙漠了。但是,一點八六萬平方公里的庫布其沙漠,究竟以什麼模式,怎麼治理,需要規劃得很具體。

治理沙漠需要廣闊的視野,長遠的目光。在茫無邊際的沙漠,種一棵樹、一片樹,很快就會被風沙穿透、淹沒,樹苗被連根撥起。如何讓這種徒勞無功的事情不再發生?如何真正讓沙漠變成綠洲?

「化整為零,各個擊破。」二千五百多年前的吳國將軍孫武,無論如何也不會想到,他的《孫子兵法》會被後人用來治沙。王文彪似乎也沒有刻意想過,他應該感謝二千五百年前的孫武。

《孫子兵法》為王文彪打開了治沙的思路,一個宏大的戰略規劃逐漸在他腦海裡呈現:先沿黃河岸建立一條長長的鎖邊林,鎖住風沙。然後大規模進軍

沙漠，通過在沙漠裡修築多條公路，以路劃區，分而治之，並沿路通電、通水、扎網格，大規模種樹、種草、種藥材。把大沙漠化整為零，分片種植。星星之火，可以燎原，最終茫茫大漠成綠洲。

尹成國至今仍很驕傲，他是當初極少數支持王文彪治沙的人。

「我是那百分之一的支持者。」他的想法與王文彪一拍即合。

尹成國成了億利的副總裁，繼續發展甘草產業的同時，主管沙漠治理。

在尹成國進入億利之前，億利已成功修建了第一條穿沙公路，路兩邊進行了綠化，在鹽海子也做了一些保護性的綠化。這無形中給了他們很大的啟示。

如何沿庫布其沙漠北緣把沙漠鎖住？尹成國首先考慮，把這條線先用防護林圍起來，先鎖住沙，再到沙海深處去種樹種草。這樣種植成果就得到了保護，不然，你前面種，農牧民後邊砍。同時，還要明確告訴沙漠裡的農牧民，這條生命線是需要保護的。

王文彪對這條防護林帶的建設非常重視，認為是造福子孫、保護農業灌區生態基地非常重要的措施。農作物不受沙害，沙漠再不往黃河裡傾斜，意義非常巨大。

規劃看上去很美，但實施起來，卻並非易事。一場堅苦卓絕的沙漠之戰就此拉開序幕。

二〇〇〇年七月，億利組織成立了庫布其沙漠生態項目部。第一步，在哪裡種樹？要先踩點，搞好規劃。開始規劃無人區的時候，車根本進不去。偌大的七星湖，幾十年都沒進過一輛車。

尹成國第一次開著吉普車進七星湖，陪著縣裡的縣委書記、縣長、人大主任、政協主席，還有分管農業的副縣長等。在汽車轟鳴聲中，沉睡千年的七星

湖甦醒了。

二〇〇一年，規模宏大的鎖邊林工程開建，大規模的沙漠治理行動全面鋪開。

庫布其沙漠北緣、黃河的南岸，二百四十多公里的長度，單圍起來就用了二個月。起點從精品園區域開始，全部拉起鋼絲網，每隔五十米立一根水泥柱，以二百四十多公里長的區域作為廠區。

圍欄圍起來了，沙漠裡還散落著六百四十戶牧民。他們在黃河邊上有固定的土地和房子，那裡只是臨時居所。在沙漠一些丘陵地裡，偶爾也長些草，他們把羊趕過去放牧。

尹成國和王瑞傑等人組成工作組，對牧民一戶一戶、一家一家做工作。他們天天跑、天天說，嘴皮子都快磨破了，目的就是說服沙漠裡的農牧民。最後，通過政府的生態保護措施，給牧民一些相應補償，終於將這些農牧民都搬遷出來。

尹成國說：「牧民也為整個沙漠治理、大面積種植作了很大的貢獻。」

治沙的同時面臨著修穿沙公路和完善相應建設的任務。開始準備一段時間後，有好多企業的負責人說：「路不通，苗進不去，根本不可行。」

辦法總比困難多。王文彪、尹成國帶著員工測繪、測量，從沙邊上通了一條路，然後用碾軌車推開，拉著黏土軋到沙上。把沙子推平，上面灑上黏土，再灑上水，再軋，軋平，幹了以後就硬了，車輛可以進去了。

一九九九年建成第一條穿沙公路，二〇〇四年建成第五條穿沙公路，陸續全長五百多公里的多條穿沙公路縱橫交錯，在沙漠裡延伸，通向不同方向，就像庫布其沙漠的血管。由此，他們找到了修路、固沙、綠化、產業同步發展的

每年可以阻止上億噸黃沙侵入黃河的護河鎖邊林

新路子。

尹成國提出，生態工程要動用全億利集團的力量，每個企業都要下達任務。集團公司專門召開了生態大會全體會議，制定考核和獎懲辦法，把治沙任務分給各個企業。

光靠億利職工種樹，肯定種不完。一千平方公里，面積太大。他們就從外面雇了二千人，一起進去種樹。樹苗運進去了，人也都進去了，區域也劃分好了。問題又來了——一些牧民組織起來，把五條路口全部封死，進去的人不讓出來，沒進去的人不讓進去。說死說活都不行，堅決反對。

進不去人，就不可能送進去吃的。裡面的人喝不上水、吃不上飯，事情非常嚴峻。一連持續了將近二十天，經過談判，就只讓送一點饅頭。

屋漏偏逢連陰雨，這一年風沙特別大，好多人待幾天就受不了了。

眼看種樹期就要過去，花了好大一部分錢買的樹苗在沙漠裡埋上，又吹乾了。

怎麼辦？所有人把目光投在王文彪身上。

有困難，找政府。王文彪再次想到了向政府求援。縣裡出面做工作，下面也做工作，採取不同方式終於說通了。

治沙工作終於又可以開始了。

「在這裡非常艱難，艱難到不能再艱難的程度了。」如今回憶起來，尹成國還不能不感嘆，「不但有大漠的阻撓，還有很多人為因素。」

幾十名治沙員工常年奔波在沙漠，與沙漠一鬥就是許多年。剛開始的時候費勁、費錢，挖大坑種樹，種植得密密的，認為越密越能鎖住沙漠。不僅無法大面積快速種植，而且成活率只有百分之十。忍受著一次次死苗的折磨，他們摸索著怎樣用科學、低成本的方法綠化沙漠。

有一件事令尹成國很難忘記：

一天晚上九點多，王瑞傑給我打電話，說有一撥人在沙漠裡沒回來，被風颳得找不著了。我問：「大概有多少？」王瑞傑說：「有七八十號人。」

已經是晚上九點多。我著急了，當時風非常大，而且很寒冷。我立即把我們所有的人，按三個、四個一組分頭去找。開著吉普車能走到哪兒，就是下沙

漢往前開。那裡也沒電，汽車可以照明，每人拿著手電筒扯著嗓子喊、找。

十一點多鐘進去，找了二個小時，一點多了，終於找到了一些人。他們也不知道自己在哪裡，找不著南北方向。有的就在沙丘下面背風的地方休息，想等天亮再走。實際上這非常危險，一可能被凍壞，二沙子颳著颳著就把人大半個身子埋進去了。

我們繼續扯著嗓子喊叫，有人就聽著了，他們能看見燈光。折騰了一晚上，終於全部給弄出來了。這是我印象中發生過的非常嚴峻的事情。

張吉樹：有時候還得付出鮮血

張吉樹的家鄉在內蒙古東部的科爾沁，他家附近不到五公里就是科爾沁沙地。從小在沙漠里長大，張吉樹對沙漠一點也不陌生。也許是與沙漠有緣，他大學學的就是沙漠治理。聽說億利搞庫布其沙漠生態治理，他毫不猶豫就來了。

此時，張吉樹走出大學校門已經十多年。

剛到庫布其，條件特別艱苦，穿沙公路剛剛開通，路兩邊初步把防沙沙障工程做起來，栽了一些樹。那麼大面積的沙障全靠人工操作，一根一根的沙柳，捆成捆運到現場，再截成段兒，三五十公分一段，然後再全部立體插到沙裡。後來發明一種更簡便的方法，把沙柳捆回來以後截桿全部打成小捆捆，平鋪到沙上形成網格。老方法一人一天做四五分地，費工費時。新方法快多了，一般情況下一人一天能做二畝。工序簡化了，效果還非常好，因為沙子流動主要在地表三十公分以內進行。

二〇〇〇年七月，庫布其沙漠生態項目部剛成立，單位派車到沙漠裡搞調

查規劃。開始施工的時候，一般早晨六點起來吃早飯，每個人帶一兩個餅，一兩瓶水，去沙漠裡監工、管理、技術指導。中午大約休息 1 小時，晚上一直工作到八點鐘。春季工程緊，有時候為了抓進度，工作時間特別長，幾乎沒有休息時間。開始沒有交通工具，後來配了一臺車，工地多、車少，十幾個人擠一臺 2020 車。有時候車壞了，一部分人就回不去，汽車也來不了、接不走，你就得想辦法在農牧民家裡住。

張吉樹當初在庫布其北緣施工，推的是簡易沙石路，這樣可以把苗條運進沙漠，人員也可以接送進來。牧民多數都是本地的，一般騎摩托車或者開三輪車，幹完活當天晚上回去。現在施工作業條件比原來好多了，野外有帳篷。最初沒有井，後來打組合井，各個工地都有，吃水、做飯、住宿都很方便。二〇〇〇年的時候水喝沒了，就得想辦法找低窪的地方挖個坑，水就一點點沉澱，可以喝上面澄清的水。

一直在沙漠一線，時間長了張吉樹就和沙子有了感情。自己的付出確實有回報，沙漠變綠了，心情挺舒暢。他最大的樂趣就是每天看沙漠一點點增綠。

每天在沙漠裡很單調。人在這種環境下，到一定程度就會鬱悶。沒有其他娛樂方式，偶爾大家聚一聚，喝點兒酒，扯開嗓子吼一吼家鄉的戲或者流行歌。沙漠是最好的聽眾，它就那麼默默地看著你，看著你快樂，也看著你憂傷。你躺在沙漠裡敞開四肢，能感到它無限的包容。如果你仔細聽，沙漠也有聲音，有呼吸，有深沉的愛。

沙子開玩笑會開得非常大。正在施工，突然漫天遍野的沙塵暴來了。春季每天的風沙都很大，大家也沒辦法，為了趕工程進度，只能頂著狂風工作。風特別大時，就沒法施工。三四級風時，沙有時候就起來了，你在這種樹，它在那颳。你在那吃飯，它就颳到嘴裡來，不小心還瞇了眼睛，搞得大家每天都灰頭土臉。

治沙的喜人成果

二〇〇六年搞調查，去了五臺車。張吉樹坐的那臺車，司機可能沒聽清前面車的指揮，直接就開過去。前面是一道很高的沙壑，車上到十幾米高的沙丘頂之後突然就直接飛了下去。結果，張吉樹的腰椎壓胃折了，在家躺了二個多月。

「那是很慘的一次。這種事情特別危險，車裡好幾個人，當時汽車好像飛機起飛，沒飛起來就落在沙谷裡。在沙漠工作，除了艱苦，有時候還得付出鮮血。」張吉樹聽說，二〇〇三年春，負責飛播的奧文祥乘坐的飛機在半空中突然失去動力，墜落在沙漠，幸運的是除了一些擦傷外並無大礙。人們說「是上天在保佑我們這些做好事的人」。

現在防沙治沙主要是生物治沙和工程治沙。工程治沙就是沙障。在沙障的基礎上栽種植物，在沙障中間飛播造林。飛播造林速度快、成本低，播種的全是適沙性的沙生植物。像沙蒿，發芽率特別快，降水量幾毫米就能夠發芽，羊柴、花棒都是非常不錯的飛播植物。

說到種植，張吉樹說：「以前我們用的是鐵鍬挖穴，挖六十公分深或者是一米來深，把高桿楊樹、沙柳栽種進去，費工、費時、費力。現在是水沖造林，一米多長的沙柳、楊樹插條水沖，工效特別快，大約十幾秒，就可以把樹種好，同時澆好水。這事真不敢想像。過去我們都是在沙漠低凹的地方種樹造林，沙漠的風蝕量大約每年是四十至六十公分，插穗長度如果低於四十到六十公分，可能種進去之後，一年就會被風連根給吹出來，吹倒了。現在的技術成活率和保存率都非常高，而且可以對整個沙丘進行造林。至於其他新的種植技術，目前正在研發的還有幾種，尚處在試驗階段。」

對未來的前景，張吉樹期待：一是把沙漠治理好，讓沙漠先綠起來；二是如何進一步開發沙產業，從最初的種植到產業開發，後續的產品加工利用，通過科技增值，進一步拉動防沙治沙，形成良性循環。

國家榮譽

二〇〇一年四月，北京，人民大會堂。

脫去勞動服，西裝革履的王文彪顯得更加容光煥發、器宇軒昂。

這一天，朱鎔基、溫家寶同時出場，給王文彪頒發了全國綠化勞動模範獎。因為治沙，王文彪成為全國綠化勞動模範。

億利人奔走相告。那些日子，億利人像過節一般。

一份莊重的國家榮譽落在王文彪身上，如同落在所有億利人身上一樣。它不僅堅定了王文彪治理沙漠的決心，也徹底打開了絕大多數億利人長久深埋的心結。他們堅持幾十年做的事情，得到了國家的肯定，這種精神鼓勵，遠勝於一切物質，也包括金錢。

因為一份國家榮譽，同樣被改變觀念的還有韓美飛。

王文彪治沙，韓美飛並不支持，他是第一個站出來反對的人。因為是王文彪同鄉，在當時的領導團隊中年紀又比較大，大家推舉他來說服王文彪放棄治沙想法。

經過數次交流，韓美飛知道自己說服不了王文彪，於是改換策略，實行軟抵抗政策。一年年初，王文彪和大家開會商討治沙事宜。中間休息，一幫中層幹部在廁所裡議論，如何阻止王文彪治沙。

韓美飛拍著胸脯說：「你們聽老哥我的沒錯。王總不是想治沙嗎？可以。但具體執行在我們手裡，咱給他打幾個折扣。他要投資八百萬治沙，咱只用三百萬，其餘五百萬用在企業的生產經營上……」

二〇〇一年四月，朱鎔基總理向王文彪董事長頒發全國綠化勞動模範獎

韓美飛說得信心十足，忽然發現面對他的同事們臉色陡變，一位平時愛和他開玩笑的老弟還偷偷使勁衝他擠眉弄眼。韓美飛覺得氣氛異常，一扭頭，發現王文彪正站在自己背後。

王文彪很生氣，說：「你不想幹，我可以換人。」

還有一次開會，韓美飛報種樹計劃三萬畝。王文彪伸出右手，說：「五十萬畝，少一畝都不行。」韓美飛沒招了，只得答應。他僱了大量農民，一年種了五十三萬畝，超額完成任務。

對於這位老部下、老兄長，王文彪也有偏愛。一次，集團開會，王文彪和韓美飛走了個前後腳兒。王文彪問：「老韓，你現在一年掙多少錢？」

韓美飛說：「全部下來十一二萬吧。」

王文彪扭頭衝身後的其他集團領導說：「你們嚷嚷收入低，看看人家老韓！」

韓美飛當時就覺得自己是跳進黃河也說不清了。兄弟們肯定以為，是他在向老總哭窮。王文彪沒再說什麼，不久，韓美飛發現自己的工資開始突飛猛進。第一年二十萬，第二年三十萬……

如今，身為庫布其治沙一線統帥的韓美飛，培養了一大批像麥拉蘇這樣的治沙急先鋒。

和韓美飛交談時，他的眼中淚光晶瑩：

我們八幾年開始種樹，原來種樹是為了保護鹽海的湖田。到九幾年鋪了柏油路，種樹是為了保護路和鹽田。我們發動杭錦旗所有農牧民、工人、幹部出力修路，在路兩邊種了很大的兩排。

修路之後，王總看到風沙很大，就發動我們治沙。他提出要建二百四十公里長的黃河鎖邊林。企業需要擴大再產生，一期工程一共花五百萬，拿三百萬治理黃河南岸的沙，由此往東一百公里，往西還有一百四十公里，光圍欄就這麼長。那時候要拿出三百萬相當困難。

修路護鹽田，大家都同意，但王總要治理沙漠，建黃河鎖邊林。企業員工想不通啊，包括我在內都舉手反對。當時，我們想得更多的是企業，怎麼樣讓企業賺錢。外人也不理解，包括當地的農牧民、政府的領導等。

資格老、歲數比他大的同事，都跟他說：你不要弄這個了。他苦口婆心給

我們做思想工作，最終大家算是勉強同意了。那時候我們是上下級關係，雖然不是十分理解，你接到這個任務就得好好幹。

隨著時間流逝，大家慢慢改變了看法。九幾年的時候，當地政府、農牧民，包括我們集團公司的所有職工、領導班子都認為治沙這條路是走對了。國家發出的信號是近幾年的事。九幾年以後，中央的領導多次來，我們就感覺過去的這種付出是值得的，汗水沒白流，被別人認可了。有記者當著我的面說，你們創造了一個奇蹟。

治沙並非一朝一夕的事情。數年間，王文彪一直和他的同事們為治沙的事情而「鬥爭」。在二〇〇二年春天的領導班子會議上，王文彪部署繼續大規模種樹播草。

大家繼續反對。

王文彪生氣地說：「我自己出錢買樹苗，你們去種，行不行？」

大家愕然，不知道說什麼好。

「我深受沙漠之苦。小時候守著黃河喝不上水，守著沙漠吃不上飯。村裡的百姓現在還過著這種日子，你們就理解理解我吧。」

集團副總王瑞豐也不同意治沙。他誠懇地說：「億利一年利潤只有二億元，卻要拿出幾千萬元治沙。企業首先要有效益，才能生存下來，總不能貸款去治理沙漠，不能治沙治得現金流都斷掉了。」

王文彪一向尊重這位從創業起家時就和自己一起幹的副總：「沙產業雖然回報長，但可以做成很多事情。老兄支持我吧，這是一件造福積德的事情。」

看大家沒有表態，王文彪接著說：「沙漠大有文章可做，企業大有利潤可

為。建起沙漠綠色經濟後，其他企業很難複製，企業發展具有很強的可持續性。」

王瑞豐並沒有認可他的話，但被他的執著和真情打動。

億利全員開進庫布其沙漠，一邊種樹，一邊種甘草……

防沙護河鎖邊林工程總共投資十多億人民幣，先後出動十多萬當地農民。四年時間，他們在庫布其沙漠北部的邊緣地帶修建了二百四十二公里長的柏油路，路的兩側種植了二百多萬畝以甘草、沙柳、楊樹為主的經濟生態林。

二〇〇四年工程完工，不但鎖住了流向黃河的沙，而且使庫布其沙漠的生態得到進一步修復。大面積的經濟生態林不僅為企業帶來了豐厚的回報，同時也帶動了當地一萬多農牧民共同致富。

「首先把沙鎖住，不要讓沙飛出來。沙塵暴越來越少，這個是有直接作用的。庫布其沙漠和黃河毗鄰，相距也就三四公里，沙漠一直在威脅黃河、侵害黃河。黃河的下游老在斷流，通過這麼多年的生態建設，這個問題解決了。如果沒有鎖邊林工程，我估計得拿很多的投資，去做固沙的工作。」

「我們是依託這塊沃土發展起來的，應該回饋這塊沃土。這不是唱高調，是我發自內心一直堅守的東西。」

「好多人老在問，你們治理沙漠到底為了啥，背後有什麼不可告人的目的？什麼也沒有，很簡單，就是想把沙漠搞好，這已經變成一種事業了。」

王文彪在說最後這句話時，面帶微笑，顯得很平靜。

甘草記 04章

梁外甘草

在修第一條穿沙公路時，王文彪和他的員工曾用沙柳打方格法護路。但這種方法一畝需要一千塊錢左右，成本很高，效果又不一定好。而且只能管一個時期，時間長了，沙子再撲上去，就不起作用了。

打網格的巨大成本由企業承擔。韓美飛說：「第一條穿沙公路，實際修路投資有五六千萬，但整個護路投資早已超過了這個數目。對當時我們才幾個億的企業來說，確實壓力很大。」

修路難，護路更難。種種壓力，最終都集中在王文彪身上。

夕陽西下，殘紅如血，天空與庫布其沙漠在地平線上交會。踱步在荒沙梁上的王文彪緊皺眉頭。沙漠無路，他必須帶領員工闖出一條路來。可是，出路在哪裡？他如何克服這重重困難繼續走下去呢？

智慧在民間，王文彪開始走訪沙漠深處的牧民。在向牧民求教的過程中，有一種植物引起了他的注意。這種植物在沙漠裡活得很好，對於他來說也並不陌生。

昏黃的燈光下，王文彪還在埋頭查閱資料，窗戶上映投著他那魁梧高大的背影。起夜的員工路過，看到那亮燈的窗子，揉了揉惺忪睡眼，嘟囔著：「深更半夜的，王總咋還沒睡！」

《本草綱目》介紹，梁外有甘草，叫十方九草。梁外就是庫布其沙漠，梁外甘草最好的產地就在庫布其。甘草又稱蜜草，是沙漠中的先鋒植物，耐寒、

耐旱、耐風沙、耐貧瘠。其根部是名貴藥材，地上的莖葉是優質牧草，被譽為中藥之王。甘草可用於深加工發展天然健康藥業，還可通過根瘤菌固氮作用為沙漠土壤提供天然氮肥，改良沙漠土地……

小時候，因為離沙漠不遠，家裡比較貧困。有時候王文彪就跑到沙漠裡找點甘草，拿去賣幾塊錢上學。第一次深入沙漠腹地考察，他也曾注意到沙漠深處中零零星星散佈著的綠色甘草。

王文彪激動地走到窗邊，打開窗戶，一輪旭日正從沙漠裡冉冉升起。這麼廣袤的沙漠沒人敢用，沒人能用。他望沙興嘆，為什麼不用？都是沙漠，甘草還長得不錯。為什麼不在穿沙公路兩邊種植甘草，一可以護路，二還可以帶來經濟效益。

在荊棘叢生的前行道路上，王文彪重新看到了希望。

「這裡大有文章可做。我們就以這個作為突破口，在沙漠大規模種甘草。」

在穿沙公路兩側搞種植，起初就是以甘草為主。後來，他們種植了近二十萬畝以甘草、沙柳、楊樹為主的生態林。一年後，在沙漠上形成了一道長六十五公里，寬八到十公里的綠色長廊。

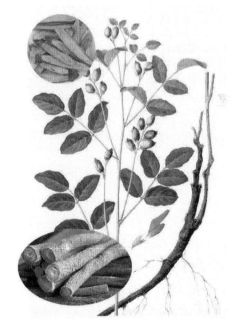

梁外甘草

甘草大豐收

路不但護住了，路邊的甘草還為企業帶來了幾百萬元的收益。

出身農村的奧文祥，是恢復招考制度之後的第一批大學生，系統學習過造林治沙專業知識。億利巴拉貢建甘草基地，奧文祥是負責人。為了切實解決水源地等棘手問題，奧文祥經常徹夜難眠，風沙吹裂了嘴唇，烈日灼傷了皮膚，起早貪黑地在基地現場轉悠，一年多時間穿爛六雙鞋。

奧文祥和同事用麥材堰渠，在汛期用混流泵把渾濁的黃河水引到地裡，沉淤覆沙。水跑了，他們連衣服鞋襪都顧不上脫，沖上水口用身體堵缺口。雨季

來臨，他又組織僱用農民在渠背、堰子、壩坡播撒了五穀固土，同時營造了喬灌結合的速生防護林，僅用二年的時間就完全控制了流沙。

土地尚未改造成熟，直播甘草育苗十分困難。奧文祥和同事們第一次大膽採用人工扦播甘草苗的方法，使明沙梁產出了等級品質上乘的甘草，創造了八十二萬元的產值。進入夏季栽植的樹木，由於採取了「入窖延期」和「植物源」保水的措施，成活率達到了百分之八十六。

尹成國的甘草情結

尹成國出生在杭錦旗，先後在縣政府、縣人大工作。

杭錦旗縣本身就是貧困縣。內蒙有位扶貧辦主任推行了一套科學管理辦法，立足當地自然資源，對發展進行規劃。尹成國後來調到縣政府項目辦，根據每個村的資源，一個鄉一個村地做發展規劃。

尹成國負責工業部分，做了二年多，工作完成得很出色，在全內蒙古自治區引起了重視。縣裡常委會經研究通過，要派他到一個鄉做黨委書記。他成為重點培養對象，政治前途一片光明。

但是，尹成國卻婉言拒絕了。他從自己做過的規劃中，選中了發展本縣甘草產業的項目。世界馳名的梁外甘草就在這個區域，這個縣也是中國的甘草之鄉。

尹成國下海辦起杭錦旗梁外甘草資源開發有限公司。經過七八年時間，公司發展勢頭非常好。他們採用公司加農戶、企業加基地的模式，甘草從採籽、

育苗、種植就和農戶結合，包括收購、加工、提取等一系列的甘草產業發展環節。

一九九八年，王文彪向尹成國發出邀請。這一年，尹成國的公司給縣財政交所得稅二百四十萬，利潤相當不錯。因為當年搞過規劃，尹成國對整個杭錦旗，包括七星湖的基本情況都瞭如指掌。那時候沒有機動車，靠騎駱駝進沙漠，雖然很慢，但卻有時間觀察區域內的甘草生長情況。

受王文彪感召，尹成國毅然帶著他的公司和甘草產業加入了億利。

這天，王文彪親自來找他，「甘草被連根挖出後，辛辛苦苦在沙漠裡形成的綠色植被就被破壞掉了。我們不但要甘草這種藥材，還要保住它的綠色。這個問題必須解決。你一定要想出辦法。」

「可是，甘草就是這麼生長的呀！」尹成國覺得很無辜。

「我不管，我就是要它們能再活下去！」

敢於把不可能變為可能，這是王文彪的風格。但要改變甘草自然生長規律，就有些勉為其難了。

那段時間，尹成國吃不好睡不好，甚至連做夢都在研究。他會靜靜地望著成片的甘草地，好半天一動不動。有一次，因為太投入，不知不覺採了一片甘草葉塞進嘴裡慢慢嚼。「尹總，你在幹什麼呢？」直到有人打斷，他才恍然回過神來。

尹成國是甘草專家，他組成專家團隊專門進行研究。尹成國和他的團隊發現：

甘草長出後，根系有多個，挖時不要連根拔起，而只挖掉三分之二，留下三分之一。第二年，甘草會自動發芽，茂盛生長。這樣種植出的甘草不用澆

二〇〇〇年七月二十五日，億利在滬上市

水，不用養護，不用管理，只要種下去，就可以世世代代循環受用，如「聚寶盆」一樣。

他們將這種方法命名為「甘草平移法」。隨著研究的深入，他們逐漸摸索出了把「甘草苗」平著埋在沙漠裡的辦法。

為何不自己種植甘草？尹成國想。很快，庫布其開始大規模推廣「甘草半野生栽培技術」，規模化、標準化種植甘草。億利兼併了一家甘草醫藥公司，採集沙漠裡種植的甘草，用甘草製藥，邁出沙漠醫藥產業的第一步。

比人還高的甘草根

藥中之王

沙漠中的三件寶——沙柳、胡楊和甘草。

老麥曾經帶我們到路邊一片甘草與沙柳共生的灘地。甘草枝葉低矮，根系沿地皮繁衍。而沙柳和其他樹種，占據的是甘草生長空間之上的空間，可以共享墑情和空氣陽光，和諧共處，互不侵犯。老麥說，這種地下種植甘草，地上種植可再生能源沙柳，已在整個沙漠治理區域大面積推廣。他扒開一棵甘草給我看：甘草的根不是豎直朝下長，而是平著長。經三五年長成的甘草根，又粗又長。老麥扒了一截遞給我：「嘗一嘗。」我放在嘴裡，甘甜，略帶苦澀。看我微微皺眉，老麥說：「只有沙漠裡才能長出地道的甘草。」

繼舉全企之力修建穿沙公路之後，億利甘草生態建設已經搞了五年。

他們大規模推廣「甘草半野生栽培技術」，規模化、標準化種植甘草，開發億利匯源甘草飲品、億利甘草良咽、億利複方甘草片等甘草系列產品。研究、培育、改良了沙柳、甘草等二百多種種質資源，把庫布其沙漠建成了全球規模最大的沙旱生林木種質資源庫。

他們還推出沙漠家族的調味調料、湯料。比如：一片「沙漠人參」肉蓯

億利集團從農戶手中收購的甘草

蓉、兩片「藥中之王」甘草、三顆枸杞、四片黃耆，用著名中醫王新陸配的方子打成包，讓大家品嚐原汁原味原生態的老味道。王文彪還想了一句廣告詞：我來自沙漠。

當時，社會各界很多人都認為王文彪是走過場，而億利恰恰要搞產業化。王文彪覺得入世以後中蒙醫藥一定是強勢產業。面對庫布其沙漠，怎麼變廢為寶，怎麼把像「梁外甘草」這樣非常珍貴的草藥有效利用起來，怎麼形成產業鏈，讓手裡的資源也能參與世界經濟——這是一個睿智者清醒的思考！

創業之初，王文彪就清醒地認識到，一個企業要真正實現華麗轉身，就必須走上市融資之路，必須在資本市場有所作為。從一九九八年開始，億利陸續併購和成立了十餘家醫藥生產、研發和銷售企業，完成了生物醫藥產業板塊的架構，形成從中藥材種植、生產、銷售到批發、零售的完整產業鏈。

「這個嚴冬比往常更寒冷……億利是出生在沙漠中，成長在逆境中，發展在爭議中。」王文彪說。但他始終堅信，冬天來了，春天就不會太遙遠。

二〇〇〇年七月二十五日，億利科技敲響上市的鑼聲，五千八百萬 A 股在滬成功發行，直接融資五點二億元。企業從此踏上資本市場的平臺，實現了跨越式發展。

沙柳記 05章

空瓶插柳

一九九八年開春，修路大軍再次開進沙漠，網格和路基依稀可見。

「光靠網格種草，沙子還是上了路。效果並不好，成本又高。」王文彪繼續向大家徵尋更佳的治沙護路辦法。

「種樹護路效果可能更好。」有員工建議。

樹可以擋風，樹根可以繫住沙丘流動，從理論上說得通。

「大家試驗種樹護路的辦法。」王文彪對全線下達命令。

在沙漠裡選擇什麼樹種，怎麼種，是最難解決的問題。王文彪帶領大家在整個沙漠裡選了二十多種樹種，一一試驗，看哪個能最終成活。

轟隆隆的推土機把沙丘推平後，人們插上網格，挖出大坑，種上沙柳樹。望著密密的沙柳，想想不久的將來，這裡將是一片綠色，大家臉上漾起滿足的笑容。

可是，一個月後，沙柳沒有一棵成活，全部死掉了。

同樣的事情仍在沙漠裡發生。王中強帶著二十三個人，背著帳篷，在沙漠吃住，一待就是四十八天。

小吳回去看女朋友。女友很驚詫：「才幾天沒見面，你咋變成黑人了？」

小吳說：「沙漠紫外線輻射強，隊裡所有人的臉都被曬得和我一樣。」

看著光禿禿的腦袋，女友又問：「原來瀟灑的髮型咋也不要了。」

小吳說：「黃沙一吹，沙子灌滿了頭髮，我們都把頭髮剃光了。」

女友看著小吳裂開的嘴唇，心疼地問：「你嘴唇怎麼裂這麼多縫？」

小吳說：「沙漠裡缺水、風大，人待的時間長了，嘴唇沒有不裂縫的。」

女友眼淚差點掉下來，嘆口氣說：「可惜你不是女人，如果是女人，還能抹些口紅濕潤濕潤。」

小吳眼睛一亮。再和同伴進沙漠時，他兜裡就揣著女友的口紅。往嘴唇上一抹，果然奏效。大夥兒看了，紛紛效仿。

汽車進不來，樹苗只能靠人肩扛，每走一步都很困難。栽一棵樹，只有深挖 1 米以上，才能見到濕土層。他們挖坑、放苗、填土，用艱辛和汗水在庫布其沙漠栽下一棵棵希望之樹。

然而，春天植下的樹苗，剛到夏天就被沙暴狂風吹得無影無蹤。

「唉，勞民傷財啊！錢打水漂了。」望著乾枯的沙柳，王文彪很心痛。

土地裡種樹的方法，並不適合在沙漠使用，死搬硬套是行不通的。沙漠以殘酷的現實，給了他們一個沉痛的教訓。

大家辛辛苦苦起早貪黑，頂著火辣辣的太陽，流血流汗，付出和收穫卻相差甚遠：種了好多樹，也死了好多樹。看著自己栽種的樹苗慢慢枯萎死去，他們心中有說不出的滋味。

沙漠的日子是蒼白的。朋友給王文彪送來一瓶插花。王文彪把它放在辦公室裡，為簡陋的辦公室平添幾分靚色。

成片枯死的沙柳，攪得王文彪心神不寧。他茶不思飯不想，腦海裡一直在琢磨如何才能在沙漠裡種活沙柳。他的目光從窗外遠處荒涼的沙漠，收回到室

庫布其沙漠的沙柳綠意盎然

內，落在盛開的那瓶插花上。

鮮花正開，芬芳馥郁。王文彪忍不住俯下身子，湊近那朵鮮花。

突然，他停下來，兩眼直勾勾盯著插花的玻璃瓶……

王文彪開始四處找廢棄的酒瓶。

「王總這是準備改行當廢品王了！」有人半開玩笑。王文彪掂了掂手中的廢酒瓶，笑而不答。

王文彪找來一堆廢酒瓶，灌滿水，把楊樹苗插進瓶中，種到沙漠裡。風一吹，有些瓶子從沙漠裡露出來了。但是，沒有被吹出來的瓶子，幾天後樹苗竟然發芽了，沙層以下長滿了根鬚。

一絲新綠，給了這些種樹人天大的驚喜！

「就用這種辦法種樹！」王文彪大手一揮。

一瓶水可以保證樹苗一年半的水分營養。這樣，樹的成活率一下子提高到了百分之七〇。

最初，他們在穿沙公路兩邊以種甘草為主。最終，他們選擇了種樹。

遊戲中撿個大發明

在庫布其，每年都會有春季種植大會戰。來自四面八方的農民，參加綠化沙漠行動。勞動是辛苦的，但勞作之餘，勞動者也有休息娛樂的時光。

不經意間，一個改變沙漠種植的大發明就誕生了。

在沙漠腹地的某個種植區，大家正圍坐在一起吃飯。

高毛虎拿著水管，在沙地上沖出一個深坑，插進去一株樹苗。又沖出一個深坑，再插進去一株樹苗。再沖出一個深坑……他就這樣沖坑插苗、沖坑插苗，繞著那些農民圍了一個大圓圈。

「氣流法植樹」大大提高了沙柳的成活率

　　這是高毛虎在無意中做的一個頑皮遊戲。但令所有人沒想到的是，他栽下的樹苗竟然全都成活了。

　　它給了大家啟發：原來這樣氣流植樹，不但速度快，而且種苗成活率高。

　　消息很快傳到王文彪的耳朵裡，他二話沒說，帶上幾個技術員趕了過來。

「老高，給我們再演示一下。」

「原來只是鬧著玩的，沒想那麼多！」高毛虎憨憨地笑了笑，一邊說一邊用水管沖坑插苗。

王文彪瞪大雙眼，好像哥倫布發現了新大陸。他轉身對技術員說：「咱們的『空瓶插柳』還有很大缺陷，成活率不高。你們回去好好研究一下，這沙坑沖多深，苗插進去多深，才能保證樹苗更高的成活率！」

二〇〇九年十月，王文彪接到報告：沙漠研究所的治沙種樹隊伍歷經二十三年攻關，終於發明出一種特殊沙漠植樹法——「氣流植樹法」，八到十秒鐘就能種一棵沙柳。兩人配合每天可種植二十多畝沙柳，較以前鍬挖植樹效率提高了六十多倍。更重要的是，它的成活率接近百分之百。

沙漠種樹不再是不計成本地密集種植，他們摸索出一畝地種植多少棵最有利於沙柳吸收水分的辦法，棵與棵之間間距多少也都一清二楚。種一畝沙柳，只花費一百八十多元，較過去先扎網格再種植每畝可節約成本一千八百元左右。

這種氣流植樹法迅速在庫布其傳播開去。從此，結束了在沙漠裡盲目種樹，死了再種、種了再死的老辦法。

「太好了！」王文彪大為振奮，他終於找到了鎖住沙漠蒼龍的良策！

有了這項新技術，幾年節省生態投資五億多元，提高植樹效率十幾倍，為大規模治沙綠化找到了科學途徑。

韓美飛說：「這個發明完全是逼出來的。我們種了好多樹，也死了好多。我們的資金有限，力量也有限，最終想出了這麼一套方法，過去一年幾萬畝，現在一年幾十萬畝。」

張喜旺：有綠色就有希望

「我們就像沙柳，渴不死，餓不死，給點陽光就活得好好的！」

——張喜旺

在庫布其，張喜旺是一個名人。人們每天都能在中央電視臺看到他的身影。

女人看到電視裡的張喜旺，又扭頭看看身邊的丈夫，和自己過了幾十年的男人上電視了，她有些搞不清是做夢還是現實。兒子、女兒看到電視裡的父親，都忍不住樂：「老爸成明星了！」張喜旺有時候端著飯碗也瞄幾眼電視裡的自己，形象不差，沒給庫布其老少爺們丟臉。

張喜旺因為在沙漠裡種樹上的電視。其實，早在二〇一一年，張喜旺在就庫布其露臉了。

那年開春，張喜旺想在沙漠承包種樹，人家說不行，你沒有團隊，給你也做不下來。張喜旺憋了一口氣，非包不行。結果承包一千一百畝，做了四十三天，順利完工。接著又在七星湖畔承包種草，種得像模像樣。由此，領導對他另眼相看：這娃還行，是一塊做營生的料。

二〇一二年，領導給他承包了一千二百畝水沖沙柳。那塊沙漠缺水，周圍工地的工頭都紛紛退出。「你們退的我都要了。」不知哪來一股牛勁兒，張喜旺一下拿來八千畝水沖沙柳種植合同。

沙漠種樹，不是一般的苦，也不是任何人都能做包工頭。

如今庫布其綠野茫茫

　　張喜旺的工地離公路七點五公里，工地方圓二公里內打不出井，工人沒有水喝，吃的水全部得用拖車拉著水桶往裡運。沙峰沒有一點兒綠色。張喜旺第一眼看到工地，有些心灰意冷，在這個地方種沙柳，太難！但他仍然咬牙決定試試看。

　　三十多個工人用三輛拖車往沙漠裡運樹苗。一天一趟，運費七百元，這價錢還是認識的哥們給講了情，算是優惠的了。種樹用的是乾鑽（地鑽），還比較輕鬆。工人每天來回步行，光走路得二個多小時，一天也幹不上多少活兒。

一天，有一個工人迷失了方向，晚上十點多，手機聯繫上了，那人竟然到了十公里外別人家的工地。「你就在那裡，別走開。」張喜旺開著拖車去把他拉回來，回到家已是深夜十二點。「這次真把我嚇壞了，覺得自己責任太大。如果人走沒了，我該怎麼辦？好在有驚無險，才鬆了口氣。」

　　張喜旺脾氣好，但也有著急的時候。二〇一三年，他要往沙漠裡面運沙柳，蒙古族人不讓走，三說兩說爭吵起來。最後，還是講和了。「蒙古兄弟給了咱很大面子。我心裡確實覺得人家對咱好，咱們到這兒掙錢來了，車每天從這個地方過，破壞了人家的草場，我就拿出一千塊錢作補償，也算我的一點心意。可是人家硬不要，這麼點兒小事情說開了，並不是非要你給錢。蒙古族兄弟不講究這個！」

　　以前，張喜旺對植物並不了解。種樹時間長了，就有了一些認識，比如近幾年沙裡面常種的楊樹、沙柳等。二〇一二年以後，他又接觸了羊柴、花棒等品種。喜旺也算半個沙生植物通了。

　　記者問：「這麼多年你種了多少棵樹，多大面積？自己有沒有算過？」

　　張喜旺答：「不用說棵，就說畝吧，估計二萬畝是有了。我帶這個隊六年了，剛開始就是七百畝，那時候沒有經濟實力，也就慢慢積累。二〇一二年大翻身，一下子包了八千畝，二〇一三年又包了六千多畝。二〇一四年基本上把咱們南面、屬於單位的地基本種完了。今年又在七星湖裡面路邊種了一千五百來畝梭梭，頭一年接觸，以前沒聽說過這個東西。嘗試一下，看看這麼個種法能不能活。」

　　「你看韓總（韓美飛）會對沙漠裡的樹很有感情，他會說這個樹根很漂亮，你對這些植物有沒有特別的喜愛？」

　　「這種感覺當然有，去年我還去過我二〇一一年做過的工地。專門開著進

治沙工人張喜旺

沙漠的交通工具進去的，沙柳確實長好了，心裡有一種滿足感。去年種的楊樹，種一棵就活一棵。我揣住這個楊樹桿桿感慨，這裡頭你咋就能活下來呢？」

「未來你估計還能種多少畝？」

「不知道。我現在四十三歲，憑我的身體素質，再幹十幾年沒問題。」

「有沒有想過，再做十幾年以後，希望自己再完成點啥目標？」

有綠色就有希望

「哎呀，讓我個人想，我是沒有目標的，咱書唸得少，知識短缺，所以眼光短，瞭不出後勁來。」

記者大笑，喜旺也跟著呵呵地笑。說起中國夢，張喜旺有些難以理解，但他知道，腳下的庫布其沙漠變綠是實實在在的。

農曆六月的陽光，並不太毒。有風撲簌簌颳過，汗毛也微微地晃動。庫布其天高地闊，負氧離子充裕。若深深呼吸，會頓感頭腦清醒。對於長期困居於大都市的人來說，即便在這裡勞動，也是一種享受。

張喜旺正在億利的種質資源基地裡給樹苗施肥、鋤草。路邊放著兩袋敞著口的化肥，一黑一白，大小皆如米粒，摸上去有些滑潤。和他一起的，還有他的老父親和一兒一女。父親已經七十多歲，耳朵微聾，和他打招呼，反應有些遲慢，但仔細聽，還能聽明白你說的話。

地頭停放著一輛長安福特蒙迪歐，像一頭壯碩的牛，昭示著這個家庭的幸福與殷實。「讓父親到地裡來，比悶在家裡好。」張喜旺說，「孩子們放暑假了，讓他們來體驗一下我的工作。」

我說：「一不小心，你現在是大明星了。」

張喜旺爽朗地笑。

「本地鄉親都知道你上中央電視臺了嗎？」

張喜旺答：「可不是嗎，每天都能看到。」

張喜旺身著精緻 T 恤，皮膚黝黑，一雙眼閃亮，透著純樸和智慧。陽光下，笑得健康且燦爛。過往的歲月，留給他的不是苦難，而是滿滿的甜蜜回憶和豐碩的成就。

喜旺，這名字是他爸爸給起的，圖個順口。當然也有祝福他多歡喜，日子過得興旺的意思。後來，被央視導演演繹成了「希望」，說村人喜歡喊他的名字，讓人們對明天充滿希望。

「二十年前的庫布其沙漠，沒有路，黃沙滿天飛。風一颳，連眼窩都睜不開，迎面吹來的沙子打在臉上，像針像刺兒在扎你。與現在相比，就像一個冬天一個春天，就這麼大變化。綠色到處都有，點點畫畫都有了綠色。所以在我心中慢慢悟出這麼一句話：有綠色就有了希望。」

胡楊記　06章

沙漠守護神：胡楊歸來

二〇〇一年初，王文彪到美國出差，看到西雅圖的沙漠裡楊樹亭亭玉立，不由得雙眼放光。庫布其和西雅圖處於同一緯度，應該可以種這種楊樹。他計劃沿著黃河種上二百多公里長、一百萬畝的速生楊樹豐產林。

「先種1萬畝，看長得怎麼樣。」王文彪信心滿滿。

億利從山姆大叔那裡空運一批美國大楊樹，每棵樹苗長二十公分，價格四點五元。王文彪讓員工把美國楊樹沿著黃河岸種下去。

幾個月後，多數楊樹都枯死了。

失敗是邁向成功應付出的代價。這次試種花費一千多萬元，雖然心疼，但王文彪在沙漠種樹的嘗試卻並沒有因此停止。

王文彪最愛的沙漠植物，不是沙柳，不是甘草，而是胡楊。

在許多場合，他都會提到大漠胡楊：生而千年不死，死而千年不倒，倒而千年不朽。三千年的胡楊，一億年的歷史。單憑這短短幾行字，你就不能不怦然心動，記住這種植物。

在王文彪眼中，胡楊象徵著堅韌、堅守、堅持的頑強精神，這也是億利人二十多年來堅守沙漠的精神內涵。在庫布其，還有很多億利人深愛著胡楊，深愛著胡楊精神。

據說，庫布其曾經生長過胡楊，因為人類不合理的砍伐和地表水量減少而絕跡。二〇〇五年，億利成功引種了二百多株胡楊，目前已經繁殖分蘗為一千多棵。二〇一三年，億利開始放大種植達一萬株，成活率較高。

沙漠守護神——胡楊

　　胡楊是生活在沙漠中唯一的喬木樹種，它見證了中國西北乾旱區走向荒漠化的過程。雖然已退縮至沙漠河岸地帶，但仍然被稱為沙漠的生命之魂。在沙漠中只要看到成列的或鮮或乾的胡楊，就能判斷那裡曾經有水流過。

　　千百年來，胡楊毅然守護在邊關大漠，守望著風沙，故胡楊亦被人們譽為「沙漠守護神」。胡楊對於穩定荒漠河流地帶的生態平衡，防風固沙，調節綠洲氣候和形成肥沃的森林土壤，具有十分重要的作用，是荒漠地區農牧業發展的天然屏障。

胡楊耐寒、耐旱、耐鹽鹼、抗風沙，有超強的生命力。胡楊的自我更新與擴繁能力突出，側根發達，根蘖性極強，一棵老胡楊樹可在周圍萌蘖出三四百株幼樹，生態和經濟價值極高。南疆塔里木河流域一帶，當地群眾常用大徑胡楊幹材鑿製獨木船，維吾爾語稱「卡盆」，是捕魚、渡河的重要工具。胡楊木的纖維長，又是造紙的好原料，枯枝則是上等的好燃料。

　　胡楊林和嫩枝是荒漠區的重要飼料。樹葉富含蛋白質和鹽類，是牲畜越冬的上好飼料，羊最喜歡吃。在胡楊分布地區，林中每年都有大量落葉，牧民常用作羊的「冬窩子」（即冬季放牧草場）。

　　胡楊可以生長在高度鹽漬化的土壤上，當體內鹽分積累過多，胡楊能從樹幹的節疤和裂口處將多餘的鹽分自動排泄出去，形成白色或淡黃色的塊狀結晶，可入藥，稱「胡楊淚」或「梧桐淚」（因葉似梧桐葉而得名），俗稱「胡楊鹼」。「胡楊鹼」是一種質量很高的生物鹼。在新疆南部和內蒙古西部胡楊

庫布其沙漠胡楊

生長旺盛的地方，產量很大，採收便易，成為維吾爾族農民的一項副業生產。當地居民用來發麵蒸饅頭，因為胡楊鹼的主要成分是小蘇打。除供食用外，胡楊鹼還可製肥皂，用作羅布麻脫膠、製革脫脂的原料。一棵成年大樹每年能排出數十千克的鹽鹼，堪稱「拔鹽改土」的「土壤改良功臣」。

胡楊的美離不開自身的滄桑，樹幹乾枯龜裂和扭曲，貌似枯樹的樹身上常常不規則地頑強伸展出璀璨金黃的生命，讓大漠惡劣環境中的死亡與求生協調地表現出來。

我在億利沙漠種植示範園，第一次看到胡楊。一棵高大胡楊，三五步外還有一棵小胡楊。高大者約六七年樹齡，樹皮淡灰褐色，下部條裂；萌枝細，圓形而光滑。小枝泥黃色，有短絨毛。折一小枝，咬之有鹹味。長枝和幼樹上的葉子呈線狀披針形，邊緣有很多缺口，有點像楓葉。幼樹葉如柳葉，以減少水分的蒸發，這也是胡楊別名「變葉楊」「異葉楊」的原因。

遙想不久的將來，庫布其出現大片胡楊林，與天高地闊的沙漠相映襯，必將是另一番大漠勝景。

高毛虎：沙漠中的老虎

今年，高毛虎承包了二千畝沙地種梭梭，準備用梭梭嫁接肉蓯蓉。蓯蓉具有補腎壯陽、填精補髓之神效。但得之不宜，梭梭長成需三年，嫁接蓯蓉後，過三四年方能收穫。物以稀為貴，收益很高，但需足夠的耐心。如此漫長的等待，能否真如所願，還未可知。

我說：「不冒險，怎麼能賺大錢？」

此時，高毛虎正在鋤草，他的形象與我的想像相去甚遠。我對中原農民非常熟悉，我的叔伯大爺堂兄堂弟都是農民。相比而言，高毛虎雖然中等個子，看上去卻更健碩憨厚，讓人感到踏實而願意接觸深聊。尤其吸引我注意的是他那雙手，十指短粗像老虎鉗子，手掌厚大。可以想像它們握起鐵鍬、種下沙柳苗時的樣子。

高毛虎醬紫色的大臉笑著狠狠點點頭，邊和我們聊天，邊有一下沒一下地鋤草。沙漠需要綠草，但承包田裡不需要，它們會掠食地下僅有的水分營養。說到種樹，高毛虎臉上生動起來。每年春季庫布其種植大會戰，都少不了他的身影。

我生在庫布其沙漠邊緣，老家在沙漠另一面。那時候走沙漠需要二三天，現在去我的老家最多一小時。億利給這裡的農牧民確實帶來了很好的生活條件，路通了，人們基本上不怕風沙了。我小時候出門，大人要囑咐帶多少水、多少乾糧，小心迷失方向。現在，樹草都成片成片生長起來，好走多了。

我去過科爾沁沙地，那裡植被比這兒強一些。庫布其原本是不毛之地，寸草不生，連沙蒿也沒有，通過十幾年綠化才到今天這樣子。種樹從三月五日就開始了，到五月一號左右停工。沙裡面種樹不像種糜子穀子，一遍就成功，秋天就收穫了。這裡種樹要好幾遍，今天種好了，三天、五天、十天、八天，心裡想著種好了撤出來吧。但一夜大風颳過來，你連那個苗子都找不見，只能再種。前些年你已經種好了，一場風颳得又沒了。你繼續再種，什麼時候種到沙柳、楊樹苗子發芽了，種不成了，再收兵。

前些年經常遇到風沙突然來了的情況，這幾年少了。有一次，我帶著七十多號人從羊巴線往裡走，早上進去的時候是好天氣，下午兩三點突然來了風，

作者與高毛虎聊種肉蓯蓉

除了我和另一個民工，其他人都迷失方向了。從西北方向颳來的風，他們就要順著風往東南方向走，實際是朝著沙漠腹地去了。因為大部分人都迷向，一兩個人不迷向，他們會認為人多的一方是對的。你說不過他們。我費很大力氣，甚至跪下磕頭禱告說你們跟著我走吧。最後，他們決定試一試，跟著我走了一個多小時，瞭見沙漠邊緣的樹，這才相信走出來了。

那幾年進沙漠只能在裡邊住著，水每天用駱駝或者 4×4 車拖進來，可以洗手，洗臉就很費事。早上醒來你得閉著眼睛，先把臉上的沙子倒乾淨才能睜開。住在沙漠裡洗澡是天方夜譚，不可能的。這幾年條件好一些，最起碼住在裡邊有樹的地方可以乘涼避風。路通了，住沙漠也少了，晚上可以回家。

那時候我三十來歲，進去的時候白白淨淨的，出來以後就像我今天這樣黑不溜秋鬍子拉碴的。走進院子，兒子問：「叔，你找誰？」媳婦看到我都不敢認，說：「離遠看感覺說話、走路像，面相上卻認不出來了。」

這十幾年中，我種下的樹大概有六萬畝，包括我承包下來僱人種和我一開始個人種的。種樹年頭越多，對樹越有感情，不論哪個工長都這樣。這公路兩邊的樹是我二〇〇三年種起來的。二〇一三年我從七星湖開車回來，路邊一棵樹倒了，我下去看。原來是樹長高了，要碰到上面的高壓線，人家把它砍了。我覺得挺可惜，為什麼不把它往旁邊移一下呢？

　　如果身體允許，我想再幹十年，六十五歲以後就不幹了，也幹不動了。我們這個年齡段再往下，三四十歲的人還是願意幹的。在庫布其栽樹能解決生活費用，掙錢。我們這茬人走不動了，還有人續上來，現在二十幾歲的年輕小夥可能還沒把這個事兒印在心上，三四十歲的這些人可能已經有了思想準備，還得在沙漠裡幹他幾年。只要幹上，按我們農村人講話，你栽的樹越多越對它們有感情。我二〇一二年栽的樹，我返回來還要去看一看。

　　工長們也有比較。公司驗收，每年誰的成活率高，誰種的好。你有什麼小竅門、小技術，會相互交流，為什麼他的能種活，我的種不活？通過專家的技術，再加上我們的土辦法，沙漠只會逐年減少。原先這個地方是人家的灌木元，也全是黃沙丘，但從一九九九年到二〇〇三年，沙就退去了。二〇〇八年黃河決口，把底下的村莊毀掉以後，我們就搬到這個地方住下。這兒原來離沙漠僅一公里，我在邊緣開始種樹，現在沙已經退出去二三公里，你說沙漠以後還會逐年增加嗎？

　　我覺得挺自豪。你種起來這麼一大片，回頭看全部綠綠的，是誰也會自豪的。到五六月份，特別是長起來的小嫩苗，生怕其他東西來破壞。韓總（韓美飛）特別迷戀樹、樹根。凡是種樹的人對樹都有感情，比方說楊樹，長出來以後通過沙漠刮去五六米的有，十多米的也有。碰到被風吹出來的，你還得想方設法把它埋起來，別讓它死了。有病蟲害我們都看，都有這種痴迷的感覺，怕樹死掉。韓總那個老頭子，對這個更有研究，更有感情。

　　我最喜歡沙漠裡面的沙柳、楊樹和羊柴。去年又引進了新疆大棗，將來在這麼開闊的地帶長起來，還是一筆收入。種梭梭我還沒有經驗，過一半年再看

看，如果成活率高，能把蓯蓉嫁接上，那就更喜歡了。今年種這個不掙錢，甚至要賠錢，但是對億利是一個轉折點。有些工頭今年掙不了錢就退縮了，原來一百多人，今年就剩七八十人。我們不能退縮，賠就賠了，水沖、鍬挖、鐵子，用這幾種辦法種進來，到明年或者過段時間看，哪種辦法好我們就推廣。中國有好多沙漠，庫布其的經驗是最成功的。

我的女兒、兒子、兒媳、女婿都挺支持我。爸，你在沙漠種下的樹咋樣？我們以後咋樣？我走不動你來再繼續走，年輕人現在就開始練。總歸是把庫布其沙漠征服了，就放心了。我說的都是真心話。我的兒子現在在億利當監工，帶著一幫人研究怎麼把樹種好。我也是領著人植樹，其實是一回事。

治理沙漠給我家帶來了富裕，這個我很感激。兒子雖然大學學的煤炭專業，可畢業又回到沙漠來，這就是我的下一代對庫布其的回報，我沒治好的繼續讓他治。剛開始兒子也不願意，要去山東沿海發展。我說你走這麼遠，生活習慣不同，回來跟爸治沙哇。我這個兒子挺老實，就義不容辭地回來了。現在他對治沙也有感情了，包括我的兒媳婦，她也願意。

自從今年過來，我就有這樣的想法，生活安排得挺好，是為治沙而種樹，為種樹而種樹，總歸要把沙漠綠化起來。你看現在夏天了，人們可以在路邊歇腳乘涼，冬天可以在樹下避避風。

「這裡以前全是這種荒沙梁，如今只剩下這一片。」高毛虎指了指遠處在綠野中顯得格外醒目的那座起伏的沙丘。說話帶著濃重的地方口音，有時候需要同行的朋友翻譯。

高毛虎的新家在獨貴新鎮，是一排排歐式風格別墅中的一幢。很難相信，居住在這些鄉間別墅的，不是我們想像中的富豪，而是當地普通的農牧民。

庭前的羊柴開滿了紫色的花朵，花香瀰漫。踏入客廳，裝修美觀質樸，沙

發、電冰箱和平板彩電一樣不少，與城裡人沒什麼區別。茶几上擺了大塊羊肉、炒糜子和奶茶。

高毛虎說：「過去靠放養幾隻羊、種五六畝沙地維持全家六口人生活，苞米、豆子產量低，一年下來最多賺二千塊。住的是低矮的土坯房，家裡沒啥值錢物什。樹栽不活，沙進人退，昏天黑地的。進出沙漠沒路，牧民騎駱駝，漢人拉毛驢，去幾十公里外的獨貴舊鎮最快得一天，還必須得趁著好天氣。」

二十年前，高毛虎是村裡出了名的窮小子，家中一日三餐都得靠親戚朋友接濟。妻子賀改蘭看他為人老實能吃苦耐勞才嫁給了他。婚後因生活所迫，他們到獨貴鎮上打工，正趕上億利實施的以承包方式在沙漠地區植樹造林工程，夫婦倆抱著試一試的心態承包了幾千畝沙地。早晨五點出門，晚上十來點回家，一年掙錢從幾千塊到幾萬塊，雖然辛苦但總算看到了生活的希望。後來，他們又在路旁種樹，到黃河南岸種鎖邊林……這一種就是幾十年，徹底改變了他們的人生。

「我把土地流轉給億利搞規模經營，承包種植四千畝沙漠。每年僱傭二百到三百工人，都是河南、甘肅、寧夏等地來這兒打工的。沒想到我也當老闆了。億利的錢給得痛快，打工的一月能掙四五千，我也不少掙，一年十幾萬，在獨貴特拉像我這樣的有幾十戶。環境好了，政府在這裡蓋起了移民新村，我只花了十二萬就住上了小二樓別墅。」

「他就是一隻沙漠中的老虎。」賀改蘭快人快語，調侃中又有幾分滿足和欣賞，「我們家靠的是男人的腦子和手，女人的嘴巴和腿，帶人種樹治沙變富了。我從小餓得撿過死羊頭，沙漠外面的人家來庫布其沙窩子裡找媳婦就跟撿牛糞一樣，沒人瞧得起。你看如今這脖子、手上戴的金貨就值上萬。過去少吃缺喝沒錢花，一家男人女人常打架。現在忙著幹活掙錢，小曲也唱上了。娃們唸書，看病買藥，再不用跑到幾十里外，出門就是學校和醫院。」

來庫布其數日，聽到高毛虎許多傳說。比如他在獨貴有兩套小別墅，自己有幾輛車。大家對他在億利工作的兒子評價也不錯，說人看上去實在肯幹。

接觸中的高毛虎，質樸而憨厚。我想，高毛虎妻子那句話的意思應該是：為了讓家人過上幸福的生活，他在沙漠中帶領二百到三百人種樹種草，幾十年來像老虎那樣勇猛頑強地和沙漠搏鬥抗爭。

的確，他就是沙漠中的一隻虎。

老麥：庫布其沙子真乾淨

第一次見老麥，在他簡陋的辦公室。給我印象最深的是他的帽子，帽簷上有細細的沙灰，他剛從工地回來。老麥指了指辦公室兩排桌椅，說：「我們的辦公桌都是空的，人都在現場辦公。」老麥辦公桌上有臺電腦，電腦桌面是一張他在沙漠獨行的照片，很酷。乍看，還以為他是來庫布其參加沙漠越野的賽車手。

老麥駕駛一輛北京吉普駛向沙漠腹地，焦師傅載著我們緊隨其後。過了二十多分鐘，看到一座兩三層樓高、嶄新的仿古城牆，這便是七星湖園區的入口。

穿沙公路兩邊都是樹木和草，成片的沙柳、沙棗、胡楊，還有甘草。一種像壁虎一樣的動物，在沙漠很常見。它叫什麼名字？明明不知道。呼波也不清楚。老麥說：「沙漠裡的人都叫它沙和尚。」看它圓圓的光頭，光光的身子，我忍不住笑了。沙漠人既智慧又不乏幽默。沙和尚如何在沙漠裡生活？吃什麼喝什麼？對我來說是一個謎。

繼續沿穿沙公路前行，看到幾頭牛在草地上優哉游哉吃青草，尾巴不時揮動，驅趕蚊蠅，卻不見放牧人。幾十公里不見一個人，偶爾一輛小車迅疾靠近，錯肩後又迅疾離開。在這種地方，看到人或者有人駕駛的小車，也會感到親切。

想起大都市人來人往，熙熙攘攘，甚至摩肩接踵。庫布其天高地闊，近處是滿眼的綠，遠處是起伏的荒沙梁，讓你忍不住貪婪地深呼吸。

我們的目的地是無人區。長長的穿沙公路，似乎沒有盡頭。

車行一個多小時，拐了一個直角彎，是個數百平方米的水泥廣場。這片區域大概就是無人區。明明解釋：「治沙種樹至此算告一段落，再前面就是荒漠，要穿過去還得走一百多公里。」

來到一處高高的沙山上。老麥指著遠處的綠野說：「那一片是老一代治沙人種的樹，這一片是我們最近幾年栽的。」

我問：「你在這裡種樹有幾年了？」

「四五年。第一次來正趕上種植，一連在沙漠裡待了三個月。」

「一般人來沙漠，十天半個月、三兩個月還可以。時間一長，新鮮勁兒過去了，就會受不了。待了這麼長時間，你感覺怎麼樣？」

老麥平靜地笑了笑：「習慣了。」

不知為何，從這簡單三個字中，我聽出一種無奈，還有一種愛。

往回返時，經過七星湖沙漠酒店。再前行，是一段前不見村後不著店的沙漠公路。老麥突然減速，將車頭衝著沙漠停下。呼波從他的車上跳下來：「你倆去吧，我都進去幾次了。」

技術工人老麥

　　抬眼向前眺望，一片稀疏的綠之後，全都是荒沙梁。我一肚子疑惑和明明坐上了老麥的車。呼波在旁邊善意提醒：「抓穩了，小心碰壞相機。」我牢牢抓住車廂某處，另一隻手緊護相機。

　　發動機一陣猛烈的轟鳴，車身一震，嗖地竄了出去。沙漠無路，吉普車迅速在高高低低的沙丘、沙山間穿行。一下從沙窩底竄到沙丘頂，又從沙丘頂栽下去。人一會兒臉朝天，一會兒又面朝下俯衝。

　　吉普車像一頭迅猛的壯牛，在沙丘、沙山間跳躍穿行。老麥一語不發，穩座駕駛室，我和明明也不說話。飛速行駛的吉普，大約走了五六公里，終於在一個略平坦的沙丘頂上停下來。

　　下了車，登上旁邊高聳的沙山，四周綠樹點綴。一座沙丘上只有孤零零的一棵樹，湊近看，你會狐疑：這麼鬆軟的沙子，怎麼可能突然冒出一棵沙柳

呢？老麥比劃著說：「沙柳的枝蔓會蔓延生長，越是有沙子要埋住它，它越是長得旺。」

遠望，前面還有很大一片綠，稀疏但頑強。就像執著的治沙人，不退卻，有韌性、堅持、堅守、有毅力。「這是我們今年的綠化區，往前還有五六公里的進深。」老麥說，「望著這些樹，很有成就感。」

老麥話語中透著難以掩飾的驕傲和激動，臉色也活泛起來。

這才是真正的沙漠腹地，四周全是起伏跌宕的沙山和沙丘。「你們在裡種樹，不會迷路？」

老麥說：「有 GPS。」

「科技真是個好東西！過去沒有 GPS，咋辦？」

「老的治沙人都是靠經驗，比如以太陽做參照。」

老麥說，他們每年從冬天就得忙起來，開著車到處找來年適宜種植的區域。沙漠裡並非什麼地方都可以種植，要查看沙下面的水質。與很多沙漠不同，庫布其沙漠不少區域水源豐富，用手往下挖，片刻就會挖到濕潤的沙子，再繼續挖，就能看到水汩出來。這裡渴不死人，再深挖一點，水會慢慢汩結，不久就有一片白亮亮的水坑，等那細沙落定，就可以捧出來喝。

我們在沙山上遠眺，靜思，站了許久。

老麥抓起一把沙子，看著它們從自己的指縫中緩慢飄落，說：「沙漠的沙子真的很乾淨，沙漠裡能長出地道的甘草藥材，長出『老味道』的瓜果，看到最美麗的星星。」

打開了話匣，和老麥的交流順暢起來。重新坐上車回返時，我和明明不約而同說出了自己剛才的感受，他並不比我輕鬆。「如果車開得慢一點，是不是

庫布其沙漠逐漸變綠

就會穩當一些。」

老麥大聲說：「沙漠裡開車就得這樣快。如果慢了，滑沙就會把車輪埋住，車會從半坡翻下去。」

問老麥第一次開車進沙漠什麼感覺，他說：「沒啥，看別人這樣開就學會了。」

如果吉普車在沙漠熄火怎麼辦？老麥說，一夜之間，滑沙就能把整輛車埋住。並不是因為風沙大，僅僅因為車輛自身的重量，車輪一側下陷，使得更多

的滑沙落下，逐漸將車掩埋。如果車壞在沙漠，就得趕快想辦法找拖車施救。想靠幾個人把車推出去，那是做白日夢。

據說，在庫布其沙漠的某處，至今還埋著一輛越野車。

老麥身強力壯，肌肉豐滿，形象很酷。央視來拍治沙綠化的公益片，導演

綠野茫茫庫布其

一眼就相中他了。他不得不放下手中的活，和牧民張喜旺一起作為主要人物，跟著攝製組在沙漠裡待了五六天。拍攝的內容沒什麼新奇，都是老麥平常幹的活，他該咋幹還咋幹。幾臺攝像機圍著他狂拍。開始老麥還有些不適應，時間久了就適應了，你拍你的，我幹我的。當然，有時候導演需要老麥來個造型，老麥就來個造型。

能參加拍電視，老麥還是高興的。給在鄂爾多斯的女朋友說了，女朋友挺羨慕，也希望有機會拍電影。老麥說，是公益片，又不是電影。不是什麼人都能拍電影的，要在北京電影學院學幾年，像孫紅雷那樣的。

等了幾個月，公益片終於在中央電視臺播出來。女朋友仔細看了幾次，也沒有看見老麥，打來電話問，你當了幾天主演，怎麼不見你的影子。老麥說：「你仔細瞧，有我呀！」

那個公益片我也看過，大都是牧民張喜旺的鏡頭特寫。明明把存在手機裡的公益片翻出來讓我看。在張喜旺身邊的，就是老麥。一張剛毅的臉，一雙執著的眼睛。彼時的老麥不像生活的人物，更像藝術片中的虛構人物。十幾億的中國人或許會熟悉這張臉，但並不知道生活中的老麥，只是普通的治沙人。

跟拍了四五天，只露臉不到兩秒鐘，老麥並不感到遺憾。他不懂電視藝術那些玩藝兒。但老麥也成了名人了，治沙的兄弟們都認識他了，當地農牧民也認識他了。

採訪韓美飛時，說起老麥，韓總一臉的滿意，說：「他應聘時，問他為什麼要來這裡，他問答很簡單，喜歡沙漠，喜歡種樹。」我始終也沒問老麥的中國夢是什麼。我想，韓總的回答就夠了。

老麥全名麥拉蘇，蒙古人，麥拉蘇是其蒙古族名字的音譯。

老麥是億利資源集團的一名生態工程師。

大漠人家 **07**章

神仙種子

郭霞的家，就在庫布其沙漠邊緣。小時候印象最深的，是漫天黃沙中幾個大人領著幾個小孩在艱難地行走。通往學校的沙路上，沒有一星半點兒綠色，映入眼簾的永遠是飛舞的黃沙和被沙塵染黃的天空。

「那時候，我認為世界就是無盡的沙漠，世界的顏色就是黃色的！」郭霞說。

春去秋來，郭霞在一天天長大。不知從何時起，她發現家鄉的風颳得次數一年少過一年，就連她天天上學的路邊，也漸漸長起一些綠色植物。

「這些綠草綠樹是從哪裡來的？」郭霞好奇地問。

村裡的老人說：「是下雨天從天上掉下來的神仙種子！」

年幼的郭霞相信了。小腦瓜裡充滿了浪漫的想像：漂亮的七仙女提著花籃在空中一邊飛翔，一邊向沙漠撒種子。種子飄呀飄呀，落在無垠的沙漠。一場春雨過後，沙漠裡就長出了片片綠芽。綠芽一直向遠方延深，整個庫布其沙漠都變成了綠色的海洋。

小學四年級時，學校上空突然傳來轟鳴聲，連正在講課的老師也忍不住向天空望去。那是一架大飛機，機身上寫著紅色的大字，由於飛得太高，看不清楚寫些什麼。飛機經過事件，在鄉村小學裡轟動了好一陣，許久後還被同學們津津樂道。

一天，村裡來了幾個年輕人，挨家挨戶問有沒有人願意去沙漠播撒草籽，並說有錢賺。開始的時候村民都有點猶豫，後來幾個膽大的人跟著去了，幹了幾天後回來，兜裡果真多了幾張綠色鈔票（五十元面值）。在那時，除非是秋

億利資源飛播，為庫布其沙漠增綠

收時能見上這麼大額鈔票，平時哪能見到呀，大家紛紛都圍過去問長問短。

　　他們眉開眼笑繪聲繪色地向左鄰右舍講述發生的事情。村裡人恍然明白，近年路邊長出來的草都是這個公司的人用飛機播種的。也就從那時起，人們對億利企業有了印象，知道他們是在為農民辦好事。更多人動了心，說下次有機會一定同去。那些年輕人再來時，就有村民樂顛顛地圍上去。

　　初中二年級，學校通知週末去種樹。同學們覺得很新鮮，所以都很積極。徒步走了十多公里，終於到達目的地，這裡是位於學校南面的沙漠，四周沒有水源，也沒有植被。

　　老師說：「我們今天的任務是種樹，億利企業的樹，其實主要是為造福我們家鄉的父老鄉親而種的，為讓這可怕的沙漠停下腳步而種的。同學們，有希望就會有收穫，一個企業可以為家鄉父老種樹，作為家鄉的一員，我們更要種下希望之樹，與沙漠作鬥爭。」

老師的鼓勵讓郭霞和她的同學們投入到了種樹熱潮中，他們比著看誰種得多，種得好。也就是從那時起，億利企業造福人民的思想深深烙在他們心中。

老師接著說：「有了樹和草，沙漠裡就了綠色。有了綠色，漫天的黃沙就會停下肆虐的腳步，再不能影響村裡人的生活和耕作。」

郭霞已經懵懂地理解了：因為風沙導致家鄉農作物年年都沒什麼收成。鄉親們靠的就是一年地裡那微薄的收入維持日常生活，連個打零工的地方都沒有。有好多家庭因為沒有學費，孩子沒有上學，好多的同齡人至今還是文盲。

初三那一年，郭霞聽老師和鄉親們紛紛傳說，億利為大家做了一件大好事——修築了一條由獨貴塔拉途經鹽海子，最後通往杭錦旗的穿沙公路。從此，他們可以方便地去獨貴塔拉鎮，甚至更遠的杭錦旗。郭霞覺得，一個更大的世界展現在她面前。

二〇一一年，億利東方學校建起來的時候，郭霞和那些能夠上學的孩子一樣的感動，一樣的高興。她似乎看見了十幾年前的自己，看到了這片沙漠的希望。

十幾年後，坐在我面前的郭霞，已經是一位成熟、穩重、大方的職業女性。言談舉止溫文爾雅，說起童年往事，聲音不大，但條理清晰，字字句句滿含真情。

現在的郭霞擁有一個幸福的家庭，有一個可愛的孩子。她不無驕傲地說：「如今，我也成了億利這個大家庭的一員，我熱愛這個溫暖的家，我為自己是一名億利人自豪，我的鄉親父老對這個家庭的樸實無華更是充滿崇敬之意。」

也許有過艱苦的童年經歷，郭霞成了一位熱心的志願者，更願意去幫助仍處在貧困家庭中的孩子。如果說郭霞是沙漠裡的一棵樹，她不但靠自己的枝葉阻擋庫布其的風沙，還把陰涼送給沙漠裡需要幫助的孩子。

身為土生土長本地人的郭霞，熟悉庫布其的每一條穿沙道路，每一座沙丘，每一片樹林和草地。她顯得自由而快樂，熱情地給我們介紹庫布其的小鎮和村莊，還帶著我們去看由億利資助的貧困家庭的孩子……

「保持微笑，給寂寞的人一些依靠。」這是郭霞 QQ 的備註。

沙漠牧民新村變奏曲

二〇一四年的一天，王文彪和幾個同事來到七星湖畔的一處旅遊景點。沙梁低緩起伏，顧客三五成群。一個扎羊角辮、眉心點了紅痣的小女孩騎在駱駝上，咯咯笑得前仰後合。旁邊年輕的母親舉著相機為她留下幸福的紀念。

一位拉著駱駝正招攬顧客的小夥從王文彪面前走過。王文彪興致勃勃地問：「老鄉，騎一次駱駝多少錢？」

「一百塊。」

「啊？要得太狠了吧。你把這個駱駝賣了也不值五百塊錢，我騎一次你就要一百塊。」王文彪有意逗駱駝的主人。

「你隨便問一問，都是這個價兒。我不會多要你的。」小夥子認真地說。

王文彪扭身對尹成國說：「還說我們的牧民不會賺錢，我看賺得挺狠的。」

尹成國故意冷冷地說：「你應該知道他們為什麼這麼會賺錢。」

「為什麼？」

「這可全都是讓你給培訓的，當初——」

王文彪恍然大悟：開始搞旅遊的時候，他專門配了一個管委會。管委會把沙漠牧民新村的牧民領到北京，住北京飯店，到長城周邊大的旅遊景點參觀考察，讓大家學習如何掏遊客的腰包。

——原來這主意還是自己出的。王文彪點點頭：「看他們還是挺來勁的。」

尹成國：「你這個速成班效果很好啊。」

王文彪呵呵大笑。

沙漠牧民新村是一個位於沙漠腹地的奇特村莊。共三十六戶人家，每家前院住人，後院搞經營。不同人家經營的項目不同，開微型超市的，開住宿賓館

沙漠牧民新村的歡樂生活

的，開飯店的。也有人專門養著駱駝，供遊客騎游。

新村有橫豎幾條大道，可並排行駛數輛車。因為新建不久，看不到枝繁葉茂的大樹，倒是與四周的沙漠很般配。沒有綠樹如茵，不免有些小小遺憾。也許七八年後，會有大樹長成，這沙漠裡的村莊定會有另一番景緻。

走進路邊一家「大漠人家」飯店。迎接我們的是一位三十多歲的婦人，膚色潤白，毫無沙漠女人長期裸露在陽光下的醬紅色，倒更像大城市裡生活優越的女老闆，從容、優雅、淡定。一個中年漢子撩開簾子進來轉了一圈，又出去了，看樣子像是男老闆，身材高大，皮膚醬紅，很有沙漠漢子的特徵。

餐廳百餘平米，竟然有個微型 KTV 歌臺。架子鼓、吉它、馬頭琴一應俱全。微醺時，上去吼一嗓子，「掀起你的蓋頭來，讓我來看看你的臉……」倒也愜意。

緊鄰歌臺的是一個超大型飯桌，圍坐二十人綽綽有餘。旁邊另有大小不一三四張飯桌，或坐十餘人，或坐三五人。一面牆上掛著成吉思汗烙鐵畫像，牛皮紙，精線條勾勒，能感到蒙古人的粗獷與強悍。

臨門的牆上，鏡框裡是一幅放大的照片，居中是國務院副總理王岐山，旁邊有王文彪等人陪同。前排左右是身著蒙古族衣服的牧民，應該是「大漠人家」飯店的店主一家。

我抽空去新村一家超市轉了轉，主要是方便食品及一些旅途用品。

汪吉拉，沙漠牧民新村村委會主任。第一次邂逅他，是在蔣有則副局長的辦公室。他拎著一包種子和一把樹苗來找蔣有則，倆人旁若無人地用土語嘰咕半晌。我猜測是辨別種子、樹苗的優劣以及未來長勢。

汪吉拉見過沙漠牧民新村沒有治理前的模樣，說：「這個地方太荒涼落後

沙漠牧民新村裡的牧家樂

了。二〇〇〇年左右對於大規模綠化沙漠，持反對意見的大有人在，他們認為誰都成功不了。」「當時牧民也不理解，有牴觸情緒。」「不要搗鬼，牧民最反感搗鬼。」

汪吉拉到牧民家裡跟他們做朋友，一次不行兩次。平時和他們交心，慢慢地交流。「農牧民很純樸也很講究實際。他們出地也好，給億利打工也好，都有收入了，收入提高了，得到實惠以後就會支持你的工作。」

與億利合作，牧民以沙地入股。入股有兩種形式：第一種是把自已的沙地一次性轉讓給億利；第二種是只轉讓三十年，到期後再根據情況決定是否續約。

「如果遇到像在城裡的釘子戶，跟他做工作都不同意，怎麼也不配合，就

得想辦法找政府部門支持。當然，也會找他的親戚朋友，通過各種渠道做工作，一點一點攻克。」汪吉拉說著撓了撓頭，和農牧民打交道並不容易。

「他們老覺得自己沒文化，就怕有文化有能力的人去忽悠他們。二〇一二年我們開政、企、牧民座談會。牧民又懷疑了，是不是又忽悠我們，又不知道讓我們辦什麼事，把所有的都給他們介紹清楚後，行了，挺好的。」

汪吉拉補充說：「過去牧民們祖祖輩輩生活在沙漠裡，他們不想離開，也不明白為什麼要離開。現在牧民感謝億利，也明白離不開億利。沒有億利，他們便沒有生存之地。」

如果有機會走進沙漠牧民新村，你還會耳聞目睹更多新村牧民的真實故事。

新村有不少人家搞起了「牧家樂」。整潔的房間打掃得乾乾淨淨，客廳裡造型時尚的沙發、色彩明快的茶几、電視一應俱全。廚房用的是整體廚櫃，還有專門用來吃飯的飯廳，餐桌用田園風格的碎花桌布裝點，儼然就是城市家庭的擺設。

「我們對文彪董事長非常感激，是他讓我們的生活和思想都發生了很大的變化。」不少牧民發自內心地感謝。

牧民格什道格陶，這個在庫布其沙漠生活了五十年的「生態難民」，做夢也沒想到，自己這輩子還能過上城裡人的生活。二〇〇六年七月，格什道格陶和另外分散居住在庫布其沙漠深處的三十五戶牧民，沒花一分錢，喜滋滋地搬進了億利投資二千多萬元興建的沙漠牧民新村。格什道格陶用自己的荒沙廢地使用權入股億利，成為企業的股民。他每年都參與沙漠治理，成為企業的生態工人。在企業為他建的半畝大棚中種植蔬菜，成為菜農。他還在企業為自己建好的標準化棚圈中養羊養牛。二〇一三年，格什道格陶剛買了一輛小汽車。

富起來的牧民跳起了歡快的安代舞

　　格什道格陶說：「來旅行的朋友說吃這裡羊肉蔬菜很香很新鮮，因為我們不打農藥，不用化肥，原始養殖，所以很香很好吃。」

　　布仁巴雅爾一家四口，以前全家靠放牧、挖甘草為生，一年收入一萬元左右。後來他開始牽著自己的駱駝在七星湖景區搞旅遊，年收入五萬多。此外，他家每月每人還有三百五十元的政府補助。布仁家裡買了價值十二萬的現代悅動小轎車，還有一百多萬存款。

布仁巴雅爾說：「以前買東西，騎著駱駝去獨貴特拉鎮，來回要二天，現在開車來回二個小時。女兒大學學的是旅遊，畢業後也要在庫布其七星酒店工作，兒子還在上大學。」

駱駝對於他們來說，不再是交通工具，而是賺錢的工具。布仁每天和妻子看著自家的五頭駱駝，輕輕鬆鬆掙錢。五一期間，每天旅遊收入三千多元。旅遊淡季，布仁就在景區幹活掙工資，一年四季都有錢賺。

朱來，漢族，現在億利七星湖景區做環衛工作，每個月工資二千五百元。老朱說，自己的這份工作很輕鬆，負責在景區把遊客扔的垃圾撿起來。現在遊客素質高了，自己輕鬆得很。以前住的是搖搖欲墜的平房，現在他住在獨貴特拉鎮一套二百平米的二層小別墅裡，這幢房子政府給補助九萬，自己花了十一萬。家裡還買了車。

「鎮裡大部分人都在為億利工作，包工的、打工的，還有搞旅遊的，鎮子裡有錢的人很多，存款一百多萬的多得是，老百姓很滿意現在的生活。」朱來說。

二十二歲的傲日格勒，是一個典型的蒙古族小夥子，因為常年在景區為遊人牽駱駝，曬得黝黑。他家四口人，哥哥在外地上班，父母和他看著家裡的十幾頭駱駝在七星湖景區搞旅遊。五一期間，最多的時候一天賺了一萬多。他覺得自己賺錢還不夠多，準備背靠億利這棵大樹賺更多的錢。

除了本地的牧民，還有一些外地的老百姓也在此生活。四十六歲的賈紅娟來自山西鄆城侯馬鎮，一家三口都在景區工作。她目前是七星湖酒店的環衛工，一個月掙二千多元。丈夫在景區做綠化，每月也能掙二千多，女兒在七星湖沙漠酒店做服務員。

「以前去過很多地方，因為沒什麼特長，總幹不長，收入也低。現在公司

管吃管住，工作也輕鬆。今年回家過年，準備把村裡其他人也叫過來。」賈紅娟很開心。

斯仁巴布，蒙古族，三十六歲，是沙漠牧民新村的一位居民。以前和父母一起住在天鵝湖畔沙窩子裡，沒電、沒路、手機也沒信號，當然也看不了電視。有錢的人家可以風力發電，沒錢的人家只能點蠟燭。離沙漠外有四十公里，上學騎駱駝到什拉召才有路，然後騎著寄存在那裡的自行車到學校。牧民們還得再走十公里才能到獨貴特拉鎮，買的生活物品要僱車拉回什拉召，再騎駱駝回家，往返得二三天。他以放羊養牛為生，辛辛苦苦一年，收入也就幾千元。

億利建了沙漠牧民新村後，他們一家住進了寬敞的新家，用上了自來水，手機有信號了，也能看電視了，門前還有平坦的柏油路。一開始，斯仁巴布不願搬離自家的土房子，故土難離，他擔心搬家後，自家的羊和駱駝無處安置。後來景區內搞起旅遊，他利用自家的新房，一半自住，另一半接待遊客，又在院內搭建了兩個蒙古包，開起「草原歡迎你」「牧家樂」，吃、住、玩一體。同時他還在景區承包了兩輛沙漠衝浪車，現在年收入達幾十萬元，和城市裡的金領不相上下。

斯仁巴布從別人手裡轉租的兩輛沙漠衝浪車，年租金是四萬，而他五一期間幾天的時間，就把一年的租金賺回來了。四月到十月中旬，是七星湖景區的旅遊旺季，開衝浪車這一項的年收入就是十幾萬，餐飲住宿一年收入十幾萬。二月到三月旅遊淡季時，他就為億利做生態綠化，包些工，還會有幾萬至十幾萬不等的收入。同時，他以土地入股，每年還會從億利得到幾萬元的分紅。

院子裡放著斯仁巴布買的兩輛車，一輛麵包，一輛現代 SUV，靠駱駝和騎馬出行的時代一去不復返了。他的母親和岳母靠在車邊悠閒地聊天，五十七歲的母親臉上洋溢著幸福：「以前大部分時間都是放牧，一年到頭閒不住。現在日子好了，也不用太忙活了，就幫孩子看看家。」

不忙的時候，斯仁巴布就帶著家人去旅遊。孩子九月分該上小學了，斯仁巴布準備把他送到億利東方學校，「那裡吃住免費，校園建設的好，老師都是全國各地招來的優秀人才，孩子在那裡上學，放心。」

頗有生意頭腦的斯仁巴布，還在琢磨著上些好的項目，繼續投資。

為了沙漠的明天 08章

苦孩子

大片的鹽鹼地，不長莊稼，長草。所以，有羊群，間或看到三兩頭髒兮兮瘦骨嶙峋的牛。

郭霞說，春天時，這裡會被水淹沒，變成一大片汪洋。

村莊不是數百成千戶連成一片，雞犬相聞，隔牆對談。只有並排兩戶，共用一面山牆，猜測是有血緣關係的。我們趕到時，三個孩子正在院裡嬉鬧。說是院子，卻幾乎沒有院牆。曾經是有過的，天長日久，倒塌了大半。只有凸凸的幾處土堆，向陌生來者證明，它曾經是一堵牆。（或許，更因為它主人的沒有心思打理而破敗吧。）

一棵大樹，一摟粗細，枝繁葉茂。讓人感覺到這裡還有生命的力量。

孩子們看到有轎車來，嘻嘻哈哈你推我擁進屋去。片刻，一位五六十歲的大媽走出來，粗布棉衣，人倒清爽乾淨，依稀看得出年輕時的眉眼。大媽認出郭霞，熱情地把我們往屋裡引。

這是兩間房，堂屋很雜亂，一張大床似乎很久不曾睡人，床上堆著一些家什。醒目的一具根雕，那崎嶇嶙峋的外形，像極了千年胡楊。藝術出現在這樣的家庭，讓人感到意外。大媽解釋了一句，大家都沒太聽清楚，好像是親戚送來的。不知這位親戚送他們根雕是什麼意願？讓他們欣賞嗎？

東間裡屋倒還乾淨。一張大炕，疊著薄被褥。炕頭扔著幾本孩子的拼音圖畫書。一扇大玻璃窗，一角的玻璃已經有了裂紋。臨窗擺著一張桌子，放著小學生的書包。

郭霞說：「我們是來看孟祥（化名）的。」

大媽便把三個孩子中的一個男孩拉過來。七八歲模樣，清瘦，清秀，面目白淨，看得出家人的用心呵護。大媽疼愛地捋了捋他的髮梢，說：「過了暑假，再開學該讀小學二年級了。」

　　旁邊仍然嘻嘻且怯怯而好奇地窺望我們的，一個是大媽二兒子的孩子，一個是同村人家的小閨女。

　　幸福的家庭都是相似的，不幸的家庭各有各的不幸。郭霞帶我們來看望的小男孩孟祥，現在和爺爺奶奶同住。他的父親七年前去逝，母親不堪打擊，索性一走了之。孩子等同於孤兒。

　　說起舊事，大媽忍不住聲音哽噎。讓一位失去兒子的母親，回憶兒子殞命的往事是殘忍的。從郭霞口中，我約略知道一些細節。

　　大媽的兒子一家三口，原來在鄂爾多斯打工。孟祥一兩歲時，爸爸回老家幫家人收割莊稼，開的小車被一輛大車掛了，死於非命。原本幸福的小家庭就此分崩離析。年輕的妻子無法接受現實，狠心回了甘肅老家，把小孟祥丟給了年邁的爺爺奶奶。

　　晚上，和奶奶躺在床上，孟祥問：「奶奶，你知道我在想什麼嗎？」

　　「在想老師和同學，在想做的作業。」

　　孟祥伏在奶奶耳邊說：「我在想爸爸。」

　　奶奶的心如被針扎一般，但她不能有絲毫表現。

　　自從孟祥爸爸去逝後，爺爺奶奶一直瞞著他，說：「你爸爸出國工作了，人家不讓回來。」

　　這個謊一撒就是五六年，兩位老人不知道還要撒到何時。終有一天，孟祥

會突然明白，他的父親再也回不來了。

「孟祥在億利東方學校讀書，吃喝住都是免費的，一週回來一次。」大媽說，「多虧了億利，不然孩子哪有錢上學啊！」

讓孟祥傷感的是，每到星期五放學，同學都有爸爸媽媽去接，為什麼自己的爸爸從來不來接一次。

大媽說，他們曾帶著孩子去甘肅找媽媽。媽媽已經重新組成了家庭，有了孩子。孟祥似乎明白什麼，從不願在人面前談媽媽。

孟祥慢慢長大，總會理解：爺爺奶奶只是不想讓年幼的孫子承受失去父親的痛苦，所以才一直不告訴他真相。

我們並沒有見到孟祥的爺爺。大媽說：「他生病了，一大早就去獨貴醫院輸液去了。」

郭霞說，奶奶的身體尚可，爺爺的身體這兩年衰老得很明顯，或多或少與老年喪子有關。

時近中午，大媽要挽留我們吃飯。我們堅持要走。大媽過意不去，到院中幾壟菜地裡摘了幾個黃瓜，用桶水洗了，硬塞到我們手裡。

猛然想起兒時外婆，也是這樣摘了西紅柿給我。吃一口黃瓜，原汁原味，脆嫩爽口。看我們吃得痛快，大媽露出一臉滿足的笑。

車行出老遠，大媽拉著孟祥還站在院門口向我們揮手。

不幸或幸運的孩子們

郭霞手上有一份「愛心助學」名單，記錄的全是庫布其需要幫助的家庭和孩子。

我們本打算去看望「雙百王」郝敏（化名）的。他的父母離異，父親出走至今未回。母親不願意帶孩子，郝敏一直由爺爺奶奶撫養。爺爺奶奶則因家庭困難，至今未交養老保險。郝敏學習成績優異，被稱為班級裡的「雙百王」。

因為郝敏去了外地，只好取消。

在獨貴，我聽到更多沙漠裡孩子的故事：

王佳，十六歲，億利東方學校初中三年級的學生，家住獨貴特拉鎮杭錦淖爾村，在村裡的小學讀到三年級時，轉到鎮上的學校上學。在她讀初二時，黃河決堤，鎮子裡的學校被沖垮了。

二○一○年，王佳和大部分同學高高興興地轉到億利東方學校。

「以前的學校很破，最怕上體育課，我一跑步就會摔倒，因為跑道上面都是小石子，一不留神就滑倒了，每次跑步都要全神貫注。到新學校後，上體育課再也沒摔倒過，因為操場上是塑膠跑道。」王佳說，「以前在學校上課，一颳風，滿校園都是黃沙，睜不開眼睛，現在雖然也有風，但我們所有的活動都在教學樓裡，再也不怕沙塵暴了。」

「以前吃飯和住宿都要自己花錢，開學就要交一兩千元。很多同學容易得腸胃炎，因為飯菜不太乾淨。在億利學校，我們吃飯、住宿都不花錢，住宿條件比以前好很多，吃的也非常好，六菜一湯，同學們也不再生病了。」

億利東方學校的孩子充滿對知識的渴望

　　有很多轉到杭錦旗六中的同學對王佳說：「真後悔轉學了，這個學校多好啊，比我們吃得好、住得好、玩得好。」

　　王佳的近期願望是考進鄂爾多斯市一中，那是市裡最好的中學。對於高中畢業之後的打算，王佳說，她希望能考上國內一流的大學，畢業以後回來建設家鄉。

　　億利黨員扶助貧困家庭活動開展以來，已經幫扶了沙漠裡數十個家庭和他們的孩子。王佳是幸福的。孟祥、郝敏雖然身世可憐，但他們也是幸運的，因為有億利的叔叔阿姨，有老師在呵護著他們，關注著他們的成長。

忽然，又想起王文彪的那句話：「企業的事要做，老百姓的事也要做。」這大概就是社會學家們所說企業家的社會責任吧。

邂逅億利東方學校

　　裹挾著碩大冰塊的洪水，像失控的怪獸，淹沒了莊稼，吞沒了大樹，沖毀了高牆麥垛，從門縫和窗戶闖進來。很多人還在睡夢中，猛然睜眼卻發現床已浸泡在滿是冰凌和雜物的混濁污水中，住了幾十年的房屋搖搖欲墜。

　　災難不期而至。驚呼聲，痛哭聲，奔跑聲，雞飛狗跳聲……所有人都不知所措。蒼天啊，到底發生了什麼事兒？這大水從何而來？

　　二〇〇八年三月二十日，黃河杭錦旗奎素段潰堤了。河水夾雜著大小冰塊滾滾而來，勢不可擋。獨貴特拉和杭錦淖爾遭遇幾十年來範圍最廣、最嚴重的一次凌汛，受災群眾一萬多人，房屋被淹、交通中斷、缺水斷電、食宿困難。

　　凌汛俗稱冰排，是冰凌對水流產生阻力而引起的江河水位明顯上漲的水文現象，可能引起冰塞、冰壩等使得河流水位驟漲，最終使堤防潰決，洪水氾濫成災。因為黃河特殊的流向特點，在山西陝西之間流向朝北，冬去春來，南部河段天氣轉暖更快時，該流域的下游由於地處更北地區，尚未轉暖，冰面尚未解凍，造成了凌汛的發生。

　　受災地區就處於億利歷經十多年治理的庫布其沙漠北端。王文彪聞訊而動，派出兩位高管一大早就趕到災區。眼前的場景讓他們震驚：洪水四處蔓延。三月的北方依然寒冷，村莊被毀，房屋倒塌，年邁的老人裹著單薄的被

褥，聲嘶力竭哭號的孩子在冷風中凍得瑟瑟發抖。

王文彪下令：開放七星湖旅遊住宅區，砍掉暖棚裡的蔬菜，供受災群眾保溫取暖和住宿。

一位高管遲疑著說：「王總，這樣做不合適吧——」

王文彪兩眼一瞪，說：「什麼才叫合適？你能忍心看著他們挨餓受凍？」

王文彪成了受災現場的臨時指揮員，他調運各種食品和生產生活物資，讓七星湖旅遊區所有餐廳，為救災工作人員，特別是受災群眾免費提供飲食服務，每天為上千名群眾提供飯菜。二千九百多件防寒衣物，三千多雙防寒鞋，一千件應急藥品、方便麵、礦泉水、麵包等，及時送到了受災群眾的手裡。

「謝謝王總，謝謝億利公司。」一位頭髮花白的大爺熱淚盈眶地從王文彪手中接過防寒衣和防寒鞋。

「應該的，應該的！」這是王文彪那天說得最多的話。

杭錦淖爾村的王佳同學，冒險跑到獨貴塔拉鎮上。學校被沖垮了，破舊的桌椅在污濁的冰水中東倒西歪。一本殘破的書漂至他面前，他彎腰撿起，上面的字已經模糊不清。

「沒有了學校，我可怎麼上學啊！」王佳忍不住抹起了眼淚。

一雙有力的手搭在他瘦小的肩膀上：「孩子別哭，學校垮了，咱們就再建一所。」

王佳扭回頭，看到了身材高大魁偉的王文彪。

洪水退去後，好幾所學校已經不能再使用。為了盡一份對家鄉父老的感恩之心，為了讓家鄉的孩子上個好學校，王文彪毅然決定捐資，幫助災區重建學

歡快的課外活動

校。

　　二〇〇八年七月開工，二〇〇九年七投入使用。學校建成後，王文彪又帶頭各捐資五萬元為學校圖書館購買圖書。如今，學校圖書館先後受捐百萬元，藏書十萬多冊，是中國西部同類學校中書類最齊全、最大的圖書館。

　　這就是方圓百里聞名的億利東方學校。它是由億利資源集團捐巨資專門為沙漠牧民子弟建設的一所集幼兒園、小學、初中、高級技師學校和農牧民黨校

為一體的現代化學校。總占地面積九萬平方米，建築面積二點九萬平方米。擁有現代化教育綜合辦公樓、實驗樓、宿舍樓及標準化操場，教學設施一應俱全，硬件建設達到了國內一流水平。

億利東方學校最大的特色是一站式教育機制，在這裡可以完成沙漠人從出生到就業的鏈條式教育：高水平的幼兒教育，獨具創新意義的中小學教育，專業高級技師的培養，寓黨建與惠民為一身的農牧民技能培訓。

目前，學校設有幼兒班八個，小學教學班十二個，初中教學班七個，教職工師生近一千三百人。「億利東方學校」寓意為「希望」。這裡的孩子、老師、農牧民人人都有美好的希望，人人都有美麗的夢想，這裡正成為沙漠人的中國夢工廠。

早晨，在獨貴新村跑步，我無意中抬頭，看到與一排排洋房一路之隔的億利東方學校。氣派的教學大樓，校園內鮮花盛開，寬闊的操場，跑道是國際化的塑膠跑道。我好奇地折身進去。

校園內各類建築採用魚骨式布局，用連廊將各樓連通，實現了在惡劣氣候條件下學生可以不出室外到達學校各主要功能區。設計理念先進，規劃科學，功能齊全，環境優美，安全舒適。正詫異時，從教學樓走出一對祖孫。大媽五六十歲，身板硬朗。小孫子七八歲，虎頭虎腦。

大媽是一個見面熟，沒等我多問，就先打開了話匣。「這裡的老師收入可不低。億利肯花大價錢，在全國範圍內聘請最好的老師，最高一年能掙五十萬元，我這輩子也賺不到這麼多錢。億利每年還拿出上百萬元，給每個孩子和老師免費提供一日三餐、衣服和住宿，免除了家長的後顧之憂……」

大媽說起來滔滔不絕，我忍不住笑問：「大媽，你怎麼對學校這麼了解啊？」

「我就住在這兒，旁邊那座別墅樓是我家。我孫子就在學校上學，我能不把它摸得透透的嗎？」大媽說，「王總我見過，還和他握過手哩。一個大好人，看面相就厚道可靠，沒一點架子。你說，這樣的人領導的企業，老百姓能不歡迎？」

「當然，當然。王總是一位有社會責任感的企業家。」

「我認識學校的校長，如果沒有放暑假，可以帶你去和他聊聊，他知道得比我還多。」

如果說治沙綠化給庫布其今天的生活帶來巨變，那麼明天的希望則可能來自億利東方學校。要想在未來真正成為沙漠的主人，還得依靠這些沙漠裡的孩子。

因為，他們是未來的主人。

治沙記（續）　09章

向沙漠腹地進軍

黃河鎖邊林種完後，員工們覺得不用再大規模種樹了，王總也對得起沙漠裡的百姓了，對家鄉父老也有了一個交代。大家終於可以鬆一口氣，安心企業的生產經營了。但是，出乎所有人意料，王文彪又提出「向沙漠腹地進軍」，要求企業到沙漠腹地種樹綠化。

——這注定是一場堅苦卓絕而又漫長的戰爭。

二〇〇六年，春季種植大會戰。

阿扎是吉日嘎朗圖項目區的一名工人。這一天，他和項目區其他四十九名工人和監理人員在沙漠腹地種植，沒想到會遭到沙塵暴的突然襲擊。

風颳來的方向，有黑色的風沙牆快速移動，越來越近。遠看風沙牆高聳如山，很像一道城牆，這是沙塵暴到來的前鋒。

漫天昏黑。強沙塵暴發生時由於颳起 8 級以上大風，風力非常大，能將石頭和沙土捲起。隨著飛到空中的沙塵越來越多，濃密的沙塵鋪天蓋地，遮住了陽光，使人在一段時間內看不見任何東西，就像身處夜晚一般。

翻滾沖騰。颳黑風時，空氣攜帶大量沙塵，上下翻滾不息，形成無數大小不一的沙塵團，在空中交會沖騰。

流光溢彩。風沙牆的上層常呈黃至紅色，中層呈灰黑色，下層為黑色。上層發黃發紅，是由於上層的沙塵稀薄，顆粒細薄，陽光幾乎能穿過沙塵射下來。下層沙塵濃度大，顆粒粗，陽光幾乎全被沙塵吸收或散射，所以發黑。

風沙牆移過的地方，天色時亮時暗，不斷變化。這是由於光線穿過厚薄不

一、濃稀也不一致的沙塵帶時所造成的。

　　吉日嘎朗圖項目區的五十名工人和監理人員，在沙漠腹地迷失了方向。沒有通訊，沒有蹤跡。這駭人的消息震驚了億利公司上上下下。

　　「動用我們在沙漠裡可以動用的一切手段和辦法，一定要找到他們。」王文彪立即下命令。這些都是親如手足的兄弟，無論是誰有什麼閃失，他都無法

縱橫交錯的穿沙公路

向他們的親人交代。

經過一天艱辛的尋找，終於在沙漠腹地的一個巨大沙丘的背風灣找到了他們。「那個場面很可怕。」至今阿扎回憶起來，仍心有餘悸。

王文彪治沙的決心，不會因為沙塵暴而止步，相反更激起了他的鬥志。他投入更大的資金，調動更多的人力、物力和技術。在中國的北方，在庫布其，這場曠日持久的戰爭從來沒有停息過。

數百年的沙進人退，不知不覺發生了大逆轉，變成了人進沙退。

荒漠退去，綠洲呈現。

在二十多年的治沙實踐中，庫布其綠化的面積已經有六千多平方公里，相當於七個新加坡國土那麼大。庫布其沙漠一共有一點八六萬平方公里，王文彪未來的規劃，是五年內綠化的總面積要達到一萬平方公里。

「庫布其綠化面積應該在百分之六十、百分之七十，這個我們做過測算。」王文彪胸有成竹，「整個庫布其沙漠的綠化，應該說是通過三大途徑來實現的。第一，通過修路綠化的方式，形成一種路、電、水、訊、網和綠六位一體的種植模式，路通了，電要跟上，水要跟上，然後把網格扎下去，然後用飛機進行機械化播種；第二，在沙漠的四周搞鎖邊林工程，就是本著鎖住四周再滲透腹部的方法進行綠化；第三，通過生態移民和機械化作業，進行沙漠腹部生態修復工程。」

億利集團上下都知道王總要跟沙漠較勁，是一個種樹迷。雖然不很理解，但再沒人站出來反對。他的開始或許是無意識的。從保護鹽海湖田，到保護一條穿沙公路。當王文彪謀劃種植黃河鎖邊林時，一場大規模有計劃的治沙活動才真正拉開序幕。

王文彪說：「在一九九七年以前，我們搞沙漠治理，叫小打小鬧保衛小家園。但是徒勞的，搞了那麼多年，搞了專門的組織，不行，難以和大漠抗爭。後來，我們發現必須要規模化，形成一種集群效應、規模效應，才能使人與沙漠和諧、人與自然和諧。現在，我覺得沙漠生態成為一種很美麗的景觀。當然，我們不可能把沙全部覆蓋了，這也不現實。我們主要做到遏制荒漠化，使人與自然實現和諧就很好。我們有一個小機場，有兩架飛機。天氣預報說最近要有雨，它們就出動飛播。這樣才能實現機械化、規模化播種，形成規模化的生態體系，產生整體生態效應。」

王文彪開玩笑地說：「我們企業不大，但是我們一個小企業卻綠化了一座沙漠，治理了一座沙漠，是了不起的。」

這是一盤很大的棋。下這盤棋，需要堅韌、堅守、堅持，需要不怕困難坎坷的精神。可能會度過無數個不眠之夜，流血流汗。它將會需要幾年、幾十年，需要一代人、兩代人，甚至幾代人。

現在，這盤棋只是剛剛見到成效。

生態修復：科技的力量

從種樹種草到生態修復，科技的力量越來越多地應用到治沙行動中。對技術人才的重視和引進，已經成為王文彪運籌帷幄、決勝千里的重中之重。

如果說高毛虎、陳喜旺是靠雙手治沙的第一代治沙人，那麼陳步寧、王欣、周麗萍就是通過科技手段完成沙漠生態修復的新一代治沙人。在庫布其，

還有一大批專業人員，因治沙從五湖四海走到北疆，因共同的事業而攜起手來。

二〇一一年，由億利資源牽頭，聯合萬達、泛海、均瑤等國內外知名企業，按照「功能化布局、多元化投資、一體化建設、專業化管理」的模式，共同打造沙漠生態環保材料、乙二醇、炭基生物肥料、太陽能發電、裝備製造等循環產業。該園區有以下三個特點：最大限度地利用了沙漠資源；最大限度地實現了資源的循環利用；所有產出均為綠色、環保、生態、健康的產品……

這是我在庫布其獨貴塔拉鎮億利資源沙漠生態產業園入口處看到的文字，旁邊還配有產業鏈示意圖。從原始材料進入，到產成品完成、廢物再次循環利用等流程，一覽無餘。朋友告訴我，億利資源沙漠生態產業園從設計到施工投產，整個項目的技術負責人都是陳步寧。

不惜一切，引進人才

陳步寧是典型的南方人，不高大魁偉，寬闊的額頭透著十二分聰明與智慧。祖籍湖南岳陽的陳步寧，在中石化幹了十八年，其中四年被派到殼牌公司。殼牌的這家中國公司就在岳陽，陳步寧在岳陽工作生活了近四十年，對當地環境非常熟悉，甚至他走錯路都能碰到自己的同學。

在殼牌工作的第三年，中海油的一位湖南老鄉向陳步寧伸出橄欖枝，希望他去挑起煤化工的重擔。陳步寧在殼牌一直在做煤氣化，是國內第一批做大型煤氣化的頂尖人物。陳步寧去任職技術總監的那家中海油公司——中海化學，在香港上市，是國內做肥料的第一品牌，每年贏利二三十個億。後來，陳步寧

被調到北京。就在此時，他被獵頭公司盯上了。

獵頭公司不厭其煩地打電話約陳步寧，然後是億利人力資源總監郭維亮和他聊：「兄弟，你來不來都沒關係，我們先做個朋友。」面聊了幾次，他仍沒動心。最後，郭維亮說：「你還是見一見我們王總吧。」

第一次見到王文彪，兩人的交流坦誠而自然，王文彪介紹了自己的經歷，陳步寧也介紹了自己的經歷。王文彪給他的印象非常好。「他是那麼著名的人物，跟我聊天很誠懇實在。我們聊得很開心，覺得彼此心很近。」陳步寧說，「他很樸實，樸實的東西最有說服力。」

與王文彪聊過之後，陳步寧下定決心加入億利。將近兩年的時間，對早已年過不惑的陳步寧來說，是固守還是離開，是安於現狀還是面對人生新挑戰，一直困擾著他。最終，億利的誠意和對行業的信心打動了他，他決定給自己一個嶄新的舞臺，重新出發。

二〇一二年八月十二日，陳步寧到億利報到。

關鍵的「萬分之一」

「以前相對清閒，現在一天工作十個小時都感覺不夠用。」陳步寧與專利商洽談一項關於低壓甲醇合成專利的轉讓項目時，「在國企要派出一個團隊，而在億利全部只要我一個人完成。」「每天五六十封以上電子郵件，無論我在哪裡，每項都會及時答覆，夜裡兩點睡覺很正常。」億利高效的工作方式，快速的節奏，讓他時刻處在「忙得很」的狀態。

「我在材料化學領域工作了三十多年，關於綠色能源，國內外的領先技術見過很多，我有信心解決各種技術難題。最大的壓力在於責任，幾千人在沙漠施工，需要及時處理現場技術問題，還要確保工程按計劃建成投產。」除了出差，陳步寧的工作生活都在沙漠，絲毫不敢倦怠。

和王文彪一樣，陳步寧是普通的百姓子弟，沒有任何背景，要出人頭地得完全靠自己。在陳步寧眼中，化工其實很簡單，就是三傳一反一分離，傳質、傳熱、傳導、反應工程，任何一個化工裝置都跳不出這幾個

億利資源集團的技術總工程師陳步寧

字。再大的裝置、一萬個億的投入，在他心目中也就是一張圖紙。

「我這輩子就是為技術而生的。」陳步寧對操作工人講，「這個車你知道怎麼開，管理人員知道為什麼要這麼開，而我知道怎麼開才能開得最安全、最省油。」億利沙漠經濟基地總指揮尹成國問他在考慮什麼問題，他說：「我在考慮萬分之一的概率。萬一不成功，我如何保證安全？有什麼措施去補救。」他在考慮萬分之一概率時，別人考慮的所有問題他都已經考慮過了。

別人看問題入木三分，他能入木四分。科學家的思維縝密與嚴謹，在陳步寧身上很好地體現出來。「細節決定成敗，」他說，「很多人都是萬里長征最後兩公里沒走完。從優秀到卓越，就差那麼一點點。搞技術的人再往上走一點，就是頂級專家，但這一點點，能做到的人並不多。」

敬母與教子

原來一直生活在南方，初次到寒冷乾燥的北方大漠，對陳步寧來說是一個不小的挑戰。「剛來沙漠前三個月，幾乎天天流鼻血，飲食也不習慣。」沒過多久，食堂來了一位湖南籍廚師，陳步寧知道這是對他的「特殊關照」，心裡暖融融的。

最讓陳步寧惦念的是遠在老家的母親。母親八十多歲了，一身是病，靠藥物維持。來億利不久，趕上母親過生日，陳步寧向董事長王文彪請假。王文彪毫不猶豫地准假，說：「以後回家看望母親，隨時可以走。」二十分鐘後，王文彪親自送來一個紅包，讓他帶給母親。

王文彪相信：「一個有孝心的人，是能做成大事情的。」

因為工作太忙，陳步寧已經很久沒回去了。母親耳朵不太好，打電話也聽不到。早在幾年前，陳步寧就請岳陽的朋友幫忙在老家安裝了遠程視頻，他可以隨時隨地打開手機，看到遠在家鄉的母親的一舉一動。

陳步寧的父母都是中學老師，父親教導他要與人為善。「父親對我最嚴，兄妹都知道他打我最多，我最調皮。反過來講，沒有父親的教育，我成不了材。」陳步寧的妻子是他的大學同學，二十三歲的兒子現在美國讀研究生，學土木工程。當初他建議兒子選自己的專業，兒子明確拒絕。他讀書的大學兒子不去，他學的專業兒子不學。

「去美國後他意識到了美國社會也需要社會資源。」說到兒子，陳步寧褒獎之情溢於言表，「我理解他，他是一個有志向的人，想完全靠自己的能力闖天下。」弟弟的孩子問：「伯伯，我學這個專業行不行？」他答：「大學裡任

何一個專業，你若能學到最好，都會有很好的發展前途。」

厚道共贏，千年長青

億利資源沙漠生態產業園裡的一切技術設施，陳步寧都胸有成竹、爛熟於心。一百多億的投資，浩大的工程，濃縮在他筆下就成為不足三五百的文字和一張親手繪製的產業鏈示意圖。

「管理是一門科學，更是一門藝術，既然是藝術就必須精益求精，科學也是這樣。科學家的最高境界是哲學家，自然科學、人文科學等所有的科學，最後的頂點都是哲學。」

「對於企業來說，競爭包括資源競爭、資金競爭、人才競爭、技術競爭等，但最高的競爭是企業文化的競爭。億利的文化是厚道、共贏、領導力，若百分百做到了這些，她不是百年企業，而是千年企業，關鍵是落到實處。老闆是一個站得很高的人，他能凝聚起一幫人才創業治沙，一定是有個人魅力的。他的人格魅力就是實在、實事求是。我是搞技術的，一就是一，二就是二，我不會拍馬屁。」

教授級高級工程師、擁有工學博士學位的陳步寧，被稱為億利的首席科學家，他現在是億利集團副總裁兼總工程師、億利沙漠經濟基地副總指揮。

治沙的底線

樹辛辛苦苦種上了，成活了。王文彪要求沙產業公司護好樹，嚴禁砍伐，嚴禁破壞好不容易恢復起來的綠色植被。

二〇〇八年國慶節後，王文彪興致勃勃地下去檢查。無意中發現，有人在樹林裡建了一座房子，樹被砍掉了。

一股怒火直撞頂門，王文彪衝著身邊的王鐘濤說：「發生了這麼嚴重的事情，你們這麼多人待在這裡都發現不了，要你們這麼多人幹什麼？幹不了別幹了！你回家吧！」

王鐘濤趕緊解釋：「這是和集團領導打過招呼的。」

「打過招呼也不行！沙漠生態區裡絕不能開這個口子！否則千辛萬苦種下的植被就保不住。」

「這怎麼能怪我？」王鐘濤委屈的眼淚刷地下來了，「我真的無能為力。」

過了兩天，王文彪氣消了，派人把王鐘濤從家裡叫回來，說：「生態區裡決不能開口，這是硬線！誰說都不行，包括我！你按照這個命令執行。」

「王總，放心吧。我保證以後再不會發生這種事情了。」從此，王鐘濤徹底理解了王文彪的治沙底線。

國家林業局原局長賈治邦到庫布其視察。韓美飛反映說：「綠化面積很大，防止砍伐、防火問題，單靠企業人單力少，管不過來。如果能有森林警察防火、防盜就好了。」

賈治邦很重視，當即拍板說：「給你們配。」

清潔能源化工循環經濟產業園區鳥瞰圖

在國家政府部門的支持下，很快成立了林地派出所。韓美飛說起這件事，還很興奮：「我這個幹企業的，在事務上還管著森林警察呢。」

王文彪坦言：「為了治理庫布其，我們做得非常辛苦。農牧民往出搬一戶，億利就要花錢。我們治理沙漠，幾十個億有三分之二都給老百姓了。按理說這非常不公平，買沙漠、再治沙、再用沙，我們掏了三份的錢。但是，企業拿錢買了沙子，如果不把沙子變成錢，老百姓沒辦法安置，就會涉及與農牧民共同生存的問題。農牧民沒辦法生存，說我就不走，反正我就這麼窮過來的，我就在沙漠裡，這也是人的生存權利。這樣農牧民受窮苦，沙漠狀況越來越糟糕，形成惡性循環。我們生態移民第一份掏的是買沙的錢，第二份是治沙、種樹的錢，第三份掏的是讓沙子變成財富的錢，這個對企業來講，負擔很重。」

「庫布其是實實在在在政府支持下，沙區人民和當地老百姓經過二十六年不懈努力促成的。在大的宏觀政策方面，政府很給力，每年的飛播規劃等項目，盡可能地幫助企業，我很感動。林業部門領導現在很重視企業治沙，他們盡其所能給予政策支持，近年來每年給予兩三千萬的項目支持。我認為能給一元錢，在精神支持方面都很重要。」

母親的檢閱

古代日本，貧困家庭有拋棄老人的習慣。一個窮得叮噹響的兒子背著老娘走向山嶺，準備將老娘拋棄。一路上，老娘不斷地折下樹枝丟於地上，兒子很不耐煩地問：「你老是丟樹枝幹嗎？快死了還多事。」母親回答：「孩子，為了在這深山冷嶺裡好讓你能找到回家的路。」兒子頓時淚如雨下。於是，又把

母親背回了家。

還有一則故事：女人在產房生孩子，剖腹產。孩子抱出來，一家人歡歡喜喜抱著孩子上樓了。男人看到岳母還站在那裡一動不動，便問：「媽，孩子都上樓了，您怎麼不上去？」岳母說：「你的孩子上去了，可我的孩子還在裡面！」

羊有跪乳之恩，鴉有反哺之義。

王文彪的母親是一位普通的北方婦女。年少的王文彪曾經憎恨沙漠，憎恨這種沙塵遮蔽的灰暗日子。他奇怪母親過著這樣的苦日子，為什麼每天還那麼樂觀。「這種鬼地方，我長大了一定要離開。」面對他的埋怨，母親總是說：「生在這苦地方，就要學會過苦日子，要學會吃苦。」王文彪似懂非懂，但母親的豁達和樂觀在他心裡紮了根。

一晃十多年過去，在母親背著奶奶進進出出的忙碌背影中，王文彪長大成人。從母親照顧癱瘓奶奶十多年的日子裡，他理解了什麼是「孝」和「責任」，什麼叫堅持不懈的努力。王文彪多次和同事說起，母親是對他影響最大的人。

「外面的山珍海味，也沒有母親做的飯可口。」曾經無論再忙，王文彪也不忘回去看望母親。看到這個終日在外奔波的兒子，母親把所有的慈愛都揉進麵裡，撒進菜裡。只有看到兒子坐在家裡飯桌前，大口吃自己做的飯菜，母親的一顆心才算徹底放進肚裡。

兒行千里母擔憂。這些年王文彪在外面忙忙碌碌、風風雨雨闖事業，他能感覺到家中的母親無時不在牽掛自己。每次見到母親，她總是微笑著說：「我很好，一切都很好。」

但母親目光中的那絲牽掛，總讓王文彪有種難以言說的愧疚和不安。

母親對別人說：「子女回來，就看他們的情緒。情緒好了，父母也高興，不擔心了；如果他們情緒不好，走了我也由不得要擔心。」「孩子在外面忙工作。思念兒子也是老人的工作，這就是我們的工作。」「讓他們不要擔心，工作得好，我也就放心了。」「沒辦法，年齡大了還操心，實際也是瞎操心，沒用！」

王文彪聽到這些話，眼淚差點掉下來。他希望能有機會，親手拂去母親心頭那縷不安的陰霾。

二〇〇九年八月，庫布其沙漠迎來了一位慈眉善目的老人。

王文彪對母親說：「你來看看我這二十年都做了些啥？」

王文彪陪著母親走了兩天，看了兩天。沙柳、甘草、沙棗、胡楊、羊柴⋯⋯各種沙生植物點綴著這座廣袤的沙漠，滿眼的綠色讓母親驚喜不已，說：「沒想到你能把沙漠治得這樣綠。」

在沙漠牧民新村，鄉親們聞訊全迎出家門，紛紛朝母親豎起大拇指：「你這個兒子不錯啊，不忘本。」

母親看到老鄉們日子過好了，笑咪咪地對王文彪說：「你這二十年沒白幹，這下我總算放心了。」

雖然沒有八抬大轎、衣錦還鄉，但兒子為百姓做的事，讓母親感到無限的驕傲和自豪。母親回憶說：「記得你很小的時候，有一天鄰居家燉雞肉，你聞到香味就邁不開腿了，好說歹說也不願意走。那時候大家都很窮，吃不上羊牛肉，能有雞肉吃就算希罕的了。最後，我硬是把你從鄰居家的院子裡拉走了⋯⋯」

王文彪當然記得這件往事。長大掙到錢後，每次回去他都要給家裡人買很

多肉，把冰箱堆得滿滿的，他要讓家裡人無論何時都有肉吃。有時候回到家，看到冰箱裡沒有肉，他還會發脾氣。這樁往事，給他造成了難以抹滅的心理陰影。

那些天，母子倆有嘮不完的話。王文彪快樂得像個孩子，能得到母親的肯定，就是對他最高的褒獎。

那些天，億利人看到了他們的帶頭人鐵漢柔情的另一面。

男兒有淚不輕彈，只是未到動情時。在母親面前，天大的英雄也曾經是一個懵懵懂懂光腚的兒子。

科爾沁·南疆·河北壩上

「大漠產業週期很長，見效很慢，是一項艱苦長期的複雜工程。所以，你沒有一定的耐心，就不要做這件事情！治沙事業是一項百年工程，要想真正見到實效，必須走出一條可持續發展的新路。關鍵在於，政府要政策性支持，企業要產業化投資，農民必須是市場化地參與。只有這樣，治沙事業才能走得遠，走得久，辦得好。」

——王文彪

科爾沁沙地位於內蒙古自治區東部，主要處在農牧交錯帶，曾是水草豐美的科爾沁大草原。由於清代以來的放墾開荒，加之氣候乾旱，逐漸演變成為中

國面積最大的沙地。在嘎達梅林「抗墾」前後，科爾沁草原就「出荒」十一次，今天大部分草原都已沙化。科爾沁沙地對中國東北、華北，特別是京津唐地區的生態安全形成了嚴重威脅。

二〇一二年五月十一日上午，茫茫科爾沁沙地人聲鼎沸，株株綠色逐漸連綿成片。來自億利資源集團庫布其生態建設的工人、塔敏查乾沙區的農牧民、庫倫旗青年志願者及社會環保人士一千餘人，在這裡共同啟動億利資源科爾沁沙地生態環境綜合治理項目。該項目的啟動，標誌著億利資源集團二十多年創建的「庫布其防沙治沙用沙模式」成功輸出至中國四大沙地之一——科爾沁沙地。

南疆自古以來就是一個多民族聚居的地區，維吾爾、塔吉克等民族的藝術和風情絢麗多彩，構成了具有濃郁民族特色的人文景觀。在古絲綢之路的南、中兩條幹線上留下的數以百計的古城池、古墓葬、千佛洞等古蹟，昭示著歷史的悠長與滄桑。

南疆幅員遼闊，塔里木盆地和塔克拉瑪干沙漠周圍有許多綠洲。在南疆行走，你會發現一塊塊有植被覆蓋的孤立肥沃地區。當你看到綠洲，就會看到有人居住，看到城市。大凡到過南疆的人，都會給南疆城鎮留下美譽：歌舞之鄉、瓜果之鄉、黃金玉石之鄉……

但是，南疆有她沉重的一面：乾旱、鹽鹼，每年春夏之交不請自到、遮天蔽日的沙塵，還有令棉苗枯萎、令杏花凋零的倒春寒，以及乾熱風、冰雹、洪水等。惡劣的自然條件使得南疆至今仍有為數不少的農村人口尚未解決溫飽。

二〇一二年底，億利資源庫布其生態經濟模式向新疆南疆進行輸出嘗試。

王文彪去南疆考察，在建設兵團領導帶領下走了一天。

那一天，王文彪突然感覺回到了二十多年前。一望無際，不要說七八級，

三四級風這裡就有沙塵暴。今天的南疆地區，很像從前的庫布其沙漠，缺少植被、缺少公路、缺少醫療、缺少通訊、缺少教育；牧民收入很少；沙漠降雨很少，一年只有幾十毫米；沙塵暴氾濫。

沙漠化和鹽鹼化是一對孿生姐妹，這裡的土地翻開來就是鹽鹼。「南疆窮則新疆危、南疆興則新疆富、南疆安則新疆穩」。歷史上的南疆地區是傳統的綠洲農場，水草豐美，物產豐富，一直是中國各朝各代政權重要的西北邊塞和屯墾戍邊基地，也是絲綢之路經濟帶的重要區域。後期由於人類的過度活動和自然環境變遷導致南疆地區土地嚴重退化，荒漠化加劇，沙區老百姓貧困問題比較突出。

王文彪深有感觸地說：「我在二十六年前坐著鏈軌車進到庫布其沙漠，那裡的牧民都不跟我說話，他們的目光是很恐怖的，和他們交流很困難，他都是

「氣流法植樹」輸出至南疆

一種防備心理。今天回到庫布其，那裡的十多萬農牧民都走出沙漠，讓他們半城鎮化、成為半產業工人，他們很享受、很幸福，所以就很熱愛這個地區、很熱愛這個家園，也很熱愛我們。」

王文彪認為，南疆地區三十多萬平方公里的沙漠中有三分之一為次生態沙漠，生態修復條件和基礎要遠比內蒙古庫布其沙漠好，只要「著力把握生態、民生、經濟的平衡點」，按照庫布其的防治實踐經驗，引進市場化和產業化機制，統籌推進生態修復和生態產業，南疆的大部分沙漠是有可能變成良田沃土的美麗家園。

數十年的治沙履歷，讓王文彪成為一名貨真價實的治沙專家。

河北壩上風沙源是國家的重要生態屏障，王文彪以為生態再怎麼脆弱，也應該是一望無際的漫黃色感覺，但看了壩上以後他很震驚，很多的樹大面積死亡，老百姓非常貧困。

　　「我從來不帶錢，看到一個老太太和我母親年紀差不多，一個人住在一個小土坯房裡。我不是作秀，我就向他們借錢，一個同事給了我一打，我也沒數就要給老太太。那個縣長拉著我的手說，你少給點，不要把老太太嚇住了。」

　　「生態的退化，會嚴重影響人們的生活和心態健康。」王文彪憂心忡忡地和同行的人說。

　　二〇一四年四月二十三日，受西伯利亞寒流影響，新疆多地遭遇強沙塵暴侵襲，白天瞬間變黑夜，場景很是恐怖。就在風沙滾滾的當天，億利資源集團新疆生態建設團隊聯合當地大學生、社會環保人士，頂著狂風、飛沙，走進塔克拉瑪乾沙漠，開啟了南疆生態修復建設工程。

　　幾乎同時，億利正式進駐河北壩上。

給夢想插上翅膀 **10**章

來自世界的榮耀

　　二〇一三年九月二十三日，聯合國防治荒漠化公約第十一次締約方大會在納米比亞首都溫得和克召開。在熱烈的掌聲中，西裝革履，繫著藍底白點領帶，神采奕奕的王文彪，邁著堅實的步伐走上全球矚目的頒獎臺，從聯合國防治荒漠化公約組織執行秘書長呂克·尼亞卡賈手中，接過莊重的「全球治沙領導者」獎牌與證書。

　　王文彪器宇軒昂，面帶微笑，充滿自信地揚了揚手中的獎牌，略一沉吟說：「很想把這塊獎牌獻給與我一起不離不棄、堅持治沙事業的六千多名億利治沙人；也很想獻給我年邁的母親，因為她為了我的治沙事業擔心了幾十年；我更想把這塊獎牌獻給我的祖國，這個古老的國度有個年輕的『中國夢』，那就是我們習近平主席提出的『寧可不要金山銀山，也要建設一個綠水青山的美好家園』，這就是我們治沙人的『中國夢』。」

　　臺下，來自不同國度、不同膚色的國家領導人、貴賓和國際友人，都在看著這個中國人。電視機前，無數黃皮膚的中國人也在看著這個中國人。

　　最後，王文彪說：「……我很感謝本屆大會和大會成員國的各位代表，對中國庫布其治沙精神、治沙經驗和治沙實踐的認可與支持，也感謝你們給予我的這個重獎。中國有一句古話，『路漫漫其修遠兮，吾將上下而求索』，守住每一寸土地，讓更多的沙漠變成綠水青山，任重而遠道，讓我們一起努力。」

　　「全球治沙領導者」獎，是由聯合國防治荒漠化公約組織倡議發起，用於表彰在全球防治荒漠化領域作出卓越貢獻的個人。獲得聯合國首屆「全球治沙領導者」獎，王文彪深知，這個獎盃並不是頒給他個人的，他的自信來源於背後的數千名億利兄弟，來源於幾萬平方公里的庫布其沙漠，幾千平方公里沙漠

裡的綠洲。除了億利人，恐怕很少有人知道，證書上那短短幾行英文字後面，有著多少說不盡的內容！

面對各國記者的問詢，王文彪只簡單說了一句：「感謝我的祖國，感謝家鄉的父老鄉親。只有政府、企業、民眾、社會多元力量聯手行動，防治荒漠化這項艱巨的任務才有可能完成。」

二〇一三年八月二日，全球的目光投向庫布其七星湖，第四屆庫布其國際沙漠論壇在此開幕。庫布其沙漠論壇是全球唯一致力於世界沙漠環境改善和沙漠經濟發展的國際論壇。同時，由聯合國環境規劃署、聯合國防治荒漠化公約組織秘書處與中國億利公益基金會聯合發起的「全球荒漠化治理庫布其行動」在庫布其啟動。一塊高五米、寬一點五米的巨石被高高地豎立起來。蒼黃的顏

二〇一三年九月，王文彪榮獲聯合國頒發的首屆「全球治沙領導者獎」

色與背後不遠的沙漠一致，上面幾行簡體漢字：

全球荒漠化治理庫布其行動啟動紀念碑

綠色的字跡在黃底色映襯下，顯得更加清晰有力。

在世界很多地方，把沙漠變綠洲還只是停留在口號上。而在中國庫布其，已經變成了抬眼可見、伸手可摸的現實。難怪聯合國副秘書長阿·施泰納第一次踏上庫布其這塊土地上，不由自主瞪大了眼睛。

幾天的參觀、實地考察，所有的來賓，包括那些心中原本充滿懷疑者，都不得不心服口服——

在中國的北方，在庫布其，有一群中國人用二十多年的時間，改變了沙漠。

在二〇一三年九月召開的第十一次聯合國防治荒漠化大會上，通過決議：把「庫布其國際沙漠論壇」，作為實現防治荒漠化公約戰略目標的重要手段和平臺。

聯合國防治荒漠化組織提出「到二〇三〇年實現全球荒漠化土地零增長」的目標，其中的一份信心，就來自庫布其，來自億利。

庫布其國際沙漠論壇寫入聯合國決議，歷時八年。這是自一九七一年中國重返聯合國以來，在環境與發展方面，首次有中國的創新舉措寫入聯合國決議。

讓中國的聲音傳播到世界舞臺，讓世界了解中國，了解庫布其。

胸有丘壑的王文彪，早就把目光投向了全球。

庫布其模式 —— 給世界的啟迪

中國是世界上受荒漠化危害比較嚴重的國家之一。中國政府長期致力於防沙治沙事業，組織開展了一系列重大生態建設工程。億利在二十多年的摸索實踐過程中，書寫了中國治沙的奇蹟，創造了具有中國特色的治沙模式——「庫布其模式」。

「庫布其模式」以沙漠資源為依託，以技術創新為支撐，核心內涵是「三個帶動」，即科技帶動企業發展，產業帶動規模治沙，生態帶動民生改善。體現了生態優先、發展優先、民生優先，形成了「治理——發展——再治理——再發展」的良性循環發展模式，實現了「防沙治沙、產業發展、生態改善、社會穩定、民族團結、農民富裕」互動多贏的格局。

科技帶動企業發展。億利資源集團始終堅持「科學技術是第一生產力」的思想，把全面依靠科技進步作為推動企業科學發展、綠色發展的強大動力，立足自主創新、技術創新，以企業研發機構、示範基地為支撐平臺，先後與中國科學院、上海高研院，以及俄羅斯國家科學中心、法國液化空氣集團、德國林德公司等十多家國內外科研機構、高校和企業，進行了廣泛合作。通過開展大學科、多領域、全過程的協作攻關、技術引進、自主研發，推進企業健康發展，支撐庫布其沙漠治理。

產業帶動規模治沙。二十多年來，企業依靠產業發展的財富積累，堅持不懈致力於庫布其沙漠的生態建設。目前，億利資源已累計投資三十多億元，形成了「以產業帶動治沙，以治沙促進產業」良性互動的發展機制。

企業本著「發展清潔能源、創新沙漠生態、改善人居環境」的發展使命，按照「綠色、循環」的發展理念，科學穩健地發展了清潔能源新材料和沙漠生

二〇一三年，「聯合國環境規劃署庫布其沙漠生態經濟示範區」正式設立

物醫藥等新興產業，實現了集約化跨越式發展。這些產業不但實現了企業「綠色、節約、高效」發展，而且為大規模可持續防沙綠化提供了投入的保障。億利資源聯合中國泛海等七大民營企業組建清潔能源聯合投資體，在庫布其沙漠邊緣大規模實施綠色清潔能源產業，把「清潔能源產業發展與沙漠生態碳匯林建設」有機結合起來，實現互動發展。

從防沙綠化開始，企業就以創新的思維埋下了產業化治沙的種子。他們在

荒漠化防治過程中，選用既耐寒、耐旱、耐鹽鹼，又有經濟性的甘草、沙柳等沙生植物，作為荒漠化防治的主要植物，在實現防沙綠化的同時，發展了甘草醫藥產業、沙柳生物質產業以及太陽能產業。有效地拉動了防沙綠化，而且為庫布其後續發展增添了無限生機和活力。

規模治沙究其內涵，就是要有規模化的投入、規模化的舉措、規模化的行動，才能實現規模化的優勢和規模化的效益。

生態帶動民生改善。億利人秉承「綠色、循環、清潔、低碳」的生態發展理念，在發展清潔能源新材料主導產業的同時，著力改善沙區生態環境，樹立了全方位、廣覆蓋、普惠型的民生觀念，大力實施了「生態扶民、生態富民、生態惠民」工程。

生態扶民。在改善生態環境的同時，改善老百姓的人居環境。億利在政府的支持下，把久居在沙區的父老鄉親集中起來，為他們建設了新鎮，讓他們走出了大漠，走上了集約化生產和生活的道路。

生態富民。生態產業落地沙區，直接為當地農牧民提供就業崗位五千多個，免費進行專業技能培訓，使他們成為新一代生態建設工人、旅遊服務人員和集約化養殖、種植能手，生態產業帶動當地百姓每年增加收入三億元以上，牧民人均年純收入從過去的不足五百元增加到三萬多元。企業通過荒漠化防治和沙產業發展，使生活無著落、生產方式落後的沙區父老鄉親走向了富裕之路。實踐證明，荒漠化防治和沙產業發展是應對氣候變化，改善生態環境，解決全球荒漠化地區貧困弱勢群體溫飽問題和實現長遠發展的最重要途徑。

生態惠民。通過防沙綠化通路，綠化美化家園，改善了沙區農牧民的生產生活條件和人居環境。企業投資一億多元，建設了「全托全免」的沙漠學校，讓沙漠裡的農牧民孩子接受到了良好的基礎教育。

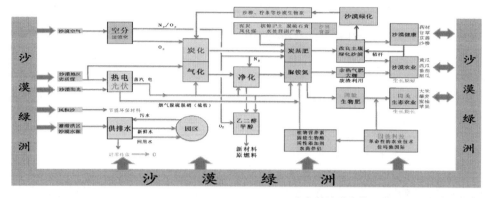

庫布其沙漠生態工業園循環產業示意圖

　　除此之外，「庫布其模式」還有自己獨到的經驗：推進了三個創新、破解了三大難題、實現了三個轉變。

　　推進了三個創新。第一，科技創新。建立以企業為主體的技術創新體系，科學推進政、產、學、研、用緊密結合，總結探索出了「鎖住四周、滲透腹部、以路劃區、分而治之、技術支撐、產業拉動」的技術舉措，和「路、電、水、訊、網、綠」六位一體的科學治沙方略；研究出了甘草藥材、沙柳植物「地下地上」復合生態產業化技術體系，為防沙、治沙、用沙提供了強有力的高效率的技術支援；第二，機制創新。經過二十多年實踐，形成和完善了「政府引導、企業投資、農戶參與、社會支持」的荒漠化防治的長效機制，使政府、企業、農戶成為一個真正的利益共同體；第三，發展方式創新。從增強農牧民環境意識、生態責任和生態文明觀念入手，運用綜合生態系統管理理念和方法，通過參與式管理和建立合作夥伴關係，因地制宜，順勢利導，重新認識和探索「把荒漠變綠洲、把沙子變金子、把資源變財富」的可能與現實，從根本上轉變落後的生產方式和生活方式，創造了化廢為寶、化害為利、化腐朽為神奇的「庫布其神話」。

破解了三大難題。「大規模、高投入、長週期」是荒漠化治理的重要特點，也是制約荒漠化防治的三大難題。如何破解這三大難題，正是億利資源二十多年艱苦實踐的成功真諦。用億利資源董事長王文彪的話說，「荒漠化防治關鍵在堅持，重點在投入，核心在技術，成效在產業」。億利資源二十多年來投入幾十億元，通過大規模的修路綠化，建設防沙鎖邊林和大漠腹地生態修復工程等舉措，並輔以產業化的互相推進，才實現了庫布其沙漠的華麗轉身。

　　實現了三大轉變。科技創新、機制創新和發展方式創新，催生了三大轉變。一是發展理念的轉變。實現了由「被動防沙」向「主動治沙」轉變，由「征服自然」向「順應自然」轉變，由「望沙生畏」向「沙子是金」轉變。二是發展方式的轉變。企業的發展方式由依賴資源向培育資源、節約資源、再生資源和生態環保、綠色循環、清潔低碳轉變。三是生活方式的轉變。沙漠的老百姓由傳統原始游牧落後的生活方式和生產方式，向集約化、城鎮化生活方式和生產方式轉變。

　　借一企之力，積二十六年之功，綠了一座沙漠、興了一片產業，富了一方百姓，這是政府、企業、民眾共同創造的豐碩成果，也是「庫布其模式」的貢獻所在。其奧秘就是：有一個明確的目標——治沙興業、改善民生；有一個堅實的基礎——民眾響應、社會參與；有一個優越的環境——政府支持、政策扶持；有一個前行的動力——自主創新、技術支撐；有一個忠誠的團隊——同甘共苦、攜手奮進；有一個拚搏的精神——敢為人先、鍥而不捨。

向希拉里推銷庫布其模式

　　二〇一一年四月八日，億利資源集團總部進京，喬遷凱晨世貿中心。億利

生態修復改善人居環境

人透過辦公室的窗戶，就可以看到舉世聞名的長安街。總部進京戰略成功落地，億利實現了走出內蒙、走進北京、面向世界的跨越發展。一個嶄新天地，呈現在王文彪面前。

二〇一一年五月九日至十日，第三輪中美戰略與經濟對話在美國華盛頓舉行，王文彪作為中國企業代表應邀參加了第三輪中美戰略與經濟對話企業家圓桌午餐會，就坐在美國國務卿希拉里旁邊。

王文彪當然不會錯過宣傳中國治理荒漠的機會，他藉機和希拉里聊起來：「在中國政府的支持下，億利資源集團花了二十多年的時間，以沙漠產業化的方式，綠化了中國庫布其沙漠五千多平方公里的沙漠，相當於綠化了七個新加

王文彪向希拉里介紹庫布其治沙模式

坡的面積。」

希拉里認真傾聽，由衷地豎起拇指。

「億利資源集團還大規模發展了沙漠天然藥物、清潔能源、新材料、高端旅遊等沙漠綠色產業，幫助沙漠裡幾十萬百姓擺脫了貧困，探索出一個興業、富民、環保的產業化治沙模式。億利願意將二十多年艱苦探索的產業化治沙模式，輸出給有荒漠化的國家和地區。希望美國的高技術企業能與中國企業一道，研究和開發沙漠新能源、新材料等新型產業和防治荒漠化新技術，更加高效地解決全球荒漠化問題。」

希拉里微笑點頭，連連說：「That's a good idea。（是個好主意）」

王文彪給希拉里留下深刻印象，在後來談到全球治理荒漠化問題時，她多次提到王文彪的名字和「庫布其模式」。

夢想剛剛起飛，翅膀充滿力量

不知從什麼時候開始，庫布其開始流傳新的故事。英雄坡、沙漠之子、沙漠魔術師、十九勇士、神仙種子、母親河的綠飄帶、一橋飛架南北……他們是普通的當代庫布其人，他們是具有開創性的英雄。他們用熱血、青春、無悔，換取「沙漠深處起高樓，不毛之地建綠洲」。

為彪炳億利人十幾年如一日防沙治沙功績，杭錦旗黨委、政府攜十三萬家鄉父老於二〇〇三年在庫布其沙漠為億利樹立了治沙功勛碑。碑文正面刻著「綠化了一座沙漠、激活了一塊產業、富裕了一方百姓、振興了一方經濟」二

治沙功勋亿利资源集团公司

绿化了一座沙漠
激活了一块产业
富裕了一方百姓
振兴了一方经济

中共杭錦旗委景制
杭錦旗人民政府 撰十二五老政人民
二○○三年八月十八日

杭錦旗政府和當地群眾為億利資源樹立的功勳碑

十八個大字，背面碑文共四百五十七個字，記述了億利人一九八八年扎根庫布其大漠以來，治沙修路、興業富民、與民謀利、造福鄉里的感人事蹟，氣勢雄渾、催人淚下、激人奮進。原文如下：

　　星移斗轉，滄海桑田。神工鬼斧，塑山川磅礴之氣象，雕原野恢弘之景觀。茫茫大漠，霸臥高原。數百里赤地綿延，千萬年狂舞肆虐。黃沙捲進人退

縮，牛羊羸弱百草怨。

曾幾何時，為求生存，人與沙戰，數番拚搏，流血流汗。前赴後繼，英雄層現。然則違規背律，成效難見，致使沙進人退，惡性循環。田園荒漠化，百姓多磨難。

廿世紀末，河清海晏，鄂爾多斯，盛況空前。有億利資源，橫空出世，後來居上，理念超群。關愛生命，善待自然。鍥而不捨，敢為人先，情鍾綠色，志在攻堅，進軍浩瀚沙漠，經營黃沙產業，幾經拚搏，已成大業，此番壯舉，實為堪嘆！

穿沙公路，大漠通途。科技神力，銀鷹播綠。百萬畝甘草吐翠，千萬株青楊挺立。沙冬青、半日花，珍稀植物，爭相落戶。昔日戈壁灘，今為新綠洲。公司帶基地，基地連農戶。協調動作，共同發展，沙漠增綠，農民增收，企業增效，政府增稅，治沙新模式。千秋偉業令世人矚目。

種草種樹種藥，養牛養魚養羊，富農富牧富旗。杭錦大地，風停沙息，六畜興旺，風調雨順，五穀豐登。億利造福，綠水當彈弦歌唱，青山該舉臂擎杯。特立此碑，以炳彪億利之功績。

癸未年七月二十一日

每年有許多的汽車越野愛好者來庫布其旅遊觀光，越野探險，挑戰大漠。敢於挑戰大漠者，也被尊稱為「英雄」。

因為獨特秀美的沙漠風光，這裡成為許多電影拍攝的外景地。佟大為主演的《長城內外是故鄉》，反應沙漠地區兒童教育題材的《藍色七星湖》，王姬主演的《危情營救》等，都在這裡拍攝取景。

人們把這裡叫做英雄坡。英雄坡的寓意，不僅是越野英雄，電影英雄，更

七星湖生態旅遊景區

是治沙英雄。

「說一個夢想：有朝一日人類確實需要移民到別的星球上，庫布其沙漠的這種治理荒漠的經驗，沒準還要派上用場。」莫言在庫布其沙漠植樹之餘，面對媒體如是說。

「人生有三樣東西是一去不復返的：時間、生命和青春。億利人把最美好的青春獻給了沙漠事業，飽嘗了艱辛和挫折，收穫了榮譽和成果。今天億利資源進入三次創業的關鍵時期，站在這新的歷史起點上，我們莊嚴提出『百年億利、百年沙夢、百年基業』，這是全體億利人絢麗的人生夢想，也是偉大中國夢的具體實踐。我相信，有全體億利人的不懈奮鬥，我們的目標一定能夠實現！」王文彪如是說，「感謝大自然賜予生命萬物。我們不要懼怕沙漠、厭惡沙漠、遺棄沙漠，沙漠也是大自然的一個重要組成部分，我們應該面對它、珍惜它、改善它。」

實業家的話，說得現實而誠懇。

一個紮著羊角辮的孩子說：我的未來在庫布其！

也許，這才是對庫布其明天最好的詮釋。一句話，概述了庫布其的過去、現在，還展望了未來。

在億利東方學校，王文彪曾坦露心底，希望這些沙漠子弟長大後，能成為播種者，到世界各地有沙漠的地方，把庫布其治沙經驗傳播開去。讓世界上有沙漠的地方，都有億利人的影子。

一個人能力越大，責任就越大。王文彪不再感到孤獨，他的背後站著一個強有力的團隊。二十六年的努力最有說服力，現實會告訴那些仍心存疑慮的人們最正確的答案。

「以人為本、治沙興業」，億利人靠自己的勤勞、智慧和膽識，靠堅持不懈的堅強和毅力，用實際行動把它書寫在廣袤無垠的庫布其沙漠上。這是億利人的壯舉，是內蒙古、鄂爾多斯的防沙治沙的縮影，更是中國乃至世界荒漠化防治的典範，它必將在中國和世界科學治沙史上，留下濃墨重彩的一頁。

「億利資源，綠動無限」。夢想剛剛起飛，翅膀充滿了力量。對於億利來

說，未來的路還很長，相信王文彪和所有的億利員工，一定會在庫布其乃至世界治沙的舞臺上，譜寫出更加輝煌動人的華章！

全球荒漠化治理

以另一種身分出發 11章

敢讓沙漠變良田

庫布其沙漠腹地，王文彪登上十多米高的沙丘，指著一排排沙柳，向技術觀摩團講解沙峰綠谷的機理：植樹者在迎風坡種下沙柳，種植覆蓋到沙丘高度的三分之二，風吹沙丘將尖尖的沙峰逐漸削平，沙子順坡滾動填平谷底。兩三年後，沙柳成蔭，起伏的沙丘變得平緩。

牧民張喜旺站在成排的沙柳叢中，演示種植技術：一米長的鐵管，一端連接水泵，自水泵裡衝出的高壓水流，幾秒鐘便在疏鬆的沙地裡沖鑽一個深洞。拔出鐵管，一個充溢著水的樹洞便形成了，沙柳苗被垂直插入，露出十公分的苗。這種「水沖植柳造林技術」已申請國家專利。

在沙柳之間種甘草。甘草可以改良土壤、增加土壤肥力以及氮含量，在生態修復中一舉多得。經過不斷地試種，黃耆、麻黃、肉蓯蓉、鎖陽等藥用植物，都被證明適合在改良後的沙地上生長。甘草等植物種植數年之後，沙漠的土地得到了改良，為發展生態農業，提供了廣袤的土地。如今，在庫布其沙漠已經改良的土地上，建立起現代化的蔬菜大棚，利用節水灌溉技術，長出了香脆可口的瓜果。

二〇一四年四月，億利資源和匯源集團結盟，在庫布其沙漠實施現代農業開發項目，雙方致力於集約化農業、種植、養殖、牧草等產品的研發。以化工起家的億利，規劃建設的年產二百六十萬噸的生物炭基複混肥即將投入生產。這項雄心勃勃的生產計劃，用沙柳的平茬廢料、牛羊糞便、劣質煤炭資源等原料，合成為有機肥料，用於荒漠化和鹽鹼化土地的改良。此外，光伏發電、風積沙建築材料等產業，已經逐步完善……

這是二十多年治沙經驗的沉澱，是無數實踐探索出來的科學技術。在這裡，我們總能看到王文彪執著的身影。

沙漠變良田，智能溫室裡種植有機蔬菜

科學改善生態

　　二〇一三年三月二十一日，億利聯合中國生態文明研究與促進會、國際沙漠研究協會、國際生態系統管理計劃組織，匯聚美國、德國、法國、意大利、

澳大利亞、埃及、印度、伊朗、巴基斯坦、以色列等七十多個國家近百位最有影響力、最具學術權威且熱衷於世界生態環境事業的傑出科學家，在北京共同發起設立「生態文明國際契約組織科學家聯盟」。

「這個科學家聯盟的形成，將調動和匯聚多國有影響力的科學家力量，通過多元化、多層次、多角度的技術創新，共同致力於中國生態系統修復、生態環境改善，共同致力於全球荒漠化地區生態環境改善、整體減貧脫貧和綠色經濟發展，以實實在在的科技創新行動推動中國生態文明和全球綠色文明。」

作為科學家聯盟的主要發起人，王文彪信心十足，「如果沒有技術創新機制的驅動，就不可能有綠色經濟繁榮，更不可能實現生態文明。」

同年八月，由聯合國有關組織和億利聯合發起的「全球沙漠科學技術網」正式啟動，億利在網站上率先發佈了流動沙丘水沖植樹、甘草規範化栽培和採收、覆膜砂壓裂支撐劑等十三項技術成果。王文彪坦陳：「全球沙漠科學技術網的建立，就是希望匯集全球荒漠化防治先進技術，並通過市場交易促成技術轉化、落地。」

習近平主席提出「改善生態環境就是發展生產力，綠水青山就是金山銀山」。中國把生態文明建設上升為國家戰略，王文彪認為，這個戰略同樣適用於今天的世界。

近年來，王文彪先後到過非洲、美洲、歐洲，他發現儘管各個國家的經濟水平發展不同、文化上存在差異，但大家有一個共同的心願，那就是人與自然的和諧相處，希望都吃上老味道的食品，聞到新鮮的空氣，看到清澈的星空，喝上乾淨的水。

二〇一四年七月，新上任的聯合國防治荒漠化公約秘書處執行秘書莫妮卡・巴布來到庫布其，在親眼目睹沙漠翻天覆地的巨變之後，她說：庫布其是

聯合國防治荒漠化公約秘書處執行秘書長莫妮卡·巴布和中國億利公益基金會主席王文彪在世界公園大會上聯合發佈了「修復退化土地，促進世界和平與安全」的倡議。

一個消除貧困的世界典範。

四個月後，第六屆世界公園大會在澳大利亞悉尼召開。王文彪被聯合國世界自然保護聯盟（IUCN）授予「世界公園大使」稱號。為了表彰在生態文明和環境保護方面對世界做出卓越貢獻的國際人士，聯合國世界自然保護聯盟於二〇〇三年德班大會上第一次頒發「世界公園大使」獎，獲獎人分別是南非前總統尼爾遜·曼德拉和約旦努爾皇后。二〇一四年悉尼大會是第二次頒發該獎項。

世界公園大會（WPC）由 IUCN 主辦，是關於「保護地」的全球性重要會議。第一屆會議於一九六二年召開，每十年舉辦一屆。而這一屆世界公園大會的主題是「公園、人和地球：激發創新」。來自全球一百六十個國家和地區及國際組織的五千多名代表相聚悉尼奧林匹克公園，共同探討世界公園、自然

二〇一三年第四屆庫布其國際沙漠論壇上，聯合國防治荒漠化公約秘書處與億利公益基金會簽署全球荒漠化防治戰略合作協議

保護與和諧發展的未來，號召人類把生態文明作為地球問題的解決方案。

聯合國防治荒漠化公約秘書處與中國億利資源集團在本屆世界公園大會上聯合發起「修復土地退化，改善氣候變化」倡議，並倡議啟動了「綠化絲綢之路夥伴計劃（PPPP）」，提出十年內種植十三億棵生命樹，修復一百三十萬公頃荒漠化廢棄土地作為示範。王文彪說，「億利資源用了二十六年時間，在中國庫布其把六十萬公頃沙漠變成了綠洲。今天的億利資源培育了全球最大的抗寒、抗旱、耐鹽鹼且具有較高經濟價值的種質資源庫。沙柳、梭梭、肉蓯蓉、甘草等都是庫布其地區的本土衛士植物，近些年來，它們在庫布其荒漠化修復和綠化中扮演了重要角色，成為生態產業發展的主要植物。種質資源庫將為綠化絲綢之路奠定牢固的科技基礎。我們計劃再用十年時間，通過『生態、民

生、經濟」平衡驅動發展措施，凝聚全球更多商業和公益夥伴力量，利用庫布其成熟的創新技術和商業模式，沿絲綢之路再造兩個庫布其沙漠綠洲。」

作為中國的企業代表，王文彪與馬達加斯加總統、剛果總統以及世界自然保護聯盟總幹事等國家政要和科學家在世界公園大會「領袖對話」上，共同探討了「世界自然資源保護與平衡發展」等重要議題。

王文彪闡述了他的「綠色中國夢」：讓沿絲綢之路的荒漠化土地多添綠洲，助推生態、民生、經濟的和諧平衡。他說，中國各界正在積極落實習近平主席提出的「絲綢之路經濟帶」戰略，這是一個建立在生態文明基礎之上、超越國界的區域性發展戰略。中國億利資源集團將聯合全球關注人和地球健康的合作夥伴，共同助推「絲綢之路經濟帶」生態脆弱區域的土地修復和應對氣候變化的能力建設。

面對來自不同國家的記者，王文彪指出，一九九二年，聯合國通過了三個應對全球發展的挑戰性公約：《防治荒漠化公約》《生物多樣性公約》和《應對氣候變化框架公約》。那時，這是三個相對獨立的國際法範疇。二十二年後的今天，我們越來越感受到這三個領域的相互關聯與制約，國際社會必須從更加綜合的視角來理解土地荒漠化與生物多樣性及氣候變化的關係，從而更加有效地應對這些挑戰。他還呼籲世界各國應該更多地關注中國在修復土地退化和改善氣候變化方面所作出的積極努力和巨大貢獻，中國在這方面已經走在了世界前面。

從長安街走出去

凱晨世貿中心億利北京總部，胸前掛著億利員工標牌、西裝革履的王文彪，召開完部門會議，回到自己的辦公室。他的案頭和書櫃裡，除了億利的工作安排、遠近期規劃，還有厚厚的最新最全的治沙理論書籍。

王文彪來到中國地圖前面，目光再次落在新疆南疆，地圖上那些密密麻麻的小點，幻化為無邊無際真實的塔里木盆地和塔克拉瑪干沙漠。

王文彪嘗試著將億利庫布其生態經濟模式向新疆南疆輸出。但在實際操作中卻遇到了難題：南疆沙漠下面的苦水，不適宜植物生長。不解決苦水轉化問題，綠化南疆或將成為空談。為此，王文彪邀請國際著名沙漠問題專家、世界頂級科學家前來中國，和他們一起實地考察研究。但要在短時間內拿出解決方案，實非易事。

王文彪又想起了錢學森。「中國航天之父」「導彈之父」「自動化控制之父」「火箭之王」，錢學森的多重身分讓他敬慕不已。庫布其沙漠科技館專門立有錢學森像，王文彪每次到科技館，都會有意無意地在塑像前停留片刻。

多年來，錢學森的形像一直矗立在他心中，著名的「錢氏沙產業理論」一直鼓舞著他不斷探索實踐，他也從沒有停止學習。當他在新疆南疆、河北壩上暢談綠化遠景，當他說起治沙新科題時，人們看到的已不僅僅是一位有強烈社會責任感的企業家，還是一位極富實踐經驗和自成理論體系的「科學家」。

與中國地圖毗鄰的，是一張世界地圖。美國科學家預測：本世紀末地球上的大部分陸地將變成沙漠。由於泥土中的濕氣將被大量蒸發，中國、美國西南部和澳大利亞、中美洲等地都將變得缺乏淡水。世界各地原來的沙漠將會瘋狂

向外擴張，撒哈拉沙漠將向北方蔓延，吞噬掉歐洲南部和中部⋯⋯或許有些聳人聽聞，但嚴峻的現實擺在人類面前，沙漠的威脅從來沒有停止。

王文彪離開了那張世界地圖，緩步走到辦公室窗前。他的目光從川流不息的長安街，移向浮雲朵朵湛藍遙遠的天際⋯⋯

庫布其見聞錄 12章

舌尖上的庫布其

到了庫布其，一定要品嚐當地的特色美食。

蒙古酸牛奶

到蒙古不喝蒙古酸奶，會很遺憾。

在獨貴小鎮，席間龍哥特意穿過街道，買了酸奶送給每個人。酒肉之後，喝杯蒙古酸奶，冰涼開胃，渾身每個毛孔都感到清爽。

在沙漠牧民新村，明明又點了酸奶，讓我見識了喝蒙古酸奶的大陣勢：

一個木桶裝著滿滿一桶酸奶，一碗金黃的炒米，一小碗白砂糖，一盤蒙古篩子。先用小碗盛酸奶，根據自己喜好，放炒米，加糖，用湯匙攪了，小抿一口，酸酸甜甜，滋心潤肺。如果前一晚喝多了酒，它可以解酒。如果口渴難耐，它可以解渴。如果餓了，可拿盤裡的蒙古篩子沾著酸奶，解飢。

這是我吃過的最地道的蒙古酸奶。

黃河大鯉魚

黃河鯉魚同淞江鱸魚、興凱湖魚、松花江鮭魚被譽為中國四大名魚。自古就有「豈其食魚，必河之鯉」「洛鯉伊魴，貴如牛羊」之說，向為食之上品。鯉魚跳龍門的傳說，幾乎是家喻戶曉。白居易等都曾寫詩作賦，稱其為「龍魚」。

蒙古酸牛奶

在庫布其的獨貴和七星湖，我都有機會吃到黃河大鯉魚。獨貴塔拉的店主在烹飪前，特意讓我們觀看，並手把手教我們辨識：

黃河鯉，金鱗赤尾。體側鱗片金黃色，背部稍暗，腹部色淡而較白。體型梭長，側扁而腹部圓。頭背間呈緩緩上升的弧形，背部稍隆起。頭較小，背鰭起點位於腹鰭起點之前。背鰭、臀鰭各有一硬刺，硬刺後緣呈鋸齒狀。體長與體高皆有定數。

黃河鯉魚宜採用樸實簡單的漁家燒法，能將黃河鯉魚肉質細嫩鮮美的本真滋味呈現出來。待期盼已久的黃河大鯉魚端上來，魚香撲鼻，不由人不垂涎。黃河鯉魚體態豐滿，肉質肥厚，細嫩鮮美，營養豐富。

黃河大鯉魚，在庫布其又叫道口魚，因為牠緊依黃河古道。大凡黃河流

域，都應該有黃河大鯉魚。然各地文人墨客各有偏愛，有人稱黃河鯉魚自古就以中原地段為最佳。石烹是遠古時代使用的一種烹調方法，古時河西用「石烤」，而今甘肅臨洮還保留著石子烹的傳統方法。「石烹黃河鯉」魚香味醇、風味獨特。然而，在中國餐桌上享有美譽且常見的仍然是以黃河鯉魚為主料烹製的「糖醋鯉魚」，尤以山東「糖醋鯉魚」最為有名。

不久前，我應中國福利基金會之邀，參加給蘭州少數民族孩子送書活動。在劉家峽吃過黃河大鯉魚。人在船上，餐廳也在船上。船行湖中，邊吃黃河大鯉魚邊透過船窗欣賞湖景山色。亦別有風味。

庫布其羊肉

很想吃一次聞名全國的蒙古烤全羊。但三五個人烤一隻全羊，實在太奢侈浪費了，以後有機會再說吧。

在沙漠牧民新村的大漠人家，明明點了孜然羊肉。女主人端上來實實在在一大盤，純正的內蒙本地羊肉，肉多，略放兩片蔥白。夾一筷子放進嘴裡，滿口的羊肉香，一直浸潤到肺腑，絲毫不羶。那份充實與酥爛，那種貼心的味道，讓人每根神經都舒適。在大都市也吃過孜然羊肉，卻全沒有這種真實的羊肉味兒。

女主人說，庫布其的羊肉都是自家野養的，味道當然地道得很。不像城市大棚內圈養，都是用各種飼料催肥的。

又讓我想起在蘭州東灣鄉近千米的山頂農家吃正宗的手抓羊肉。那羊肉似乎沒有特別的工藝，只是用清水煮熟，切成土豆那麼大的片兒，放在盤裡端上來。吃者拿起一片，用筷子尖兒沾點鹽（桌上專有放鹽的小碟）塗上去，便可

大嚼。

原生態的美味，是任何一位五星級大廚用複雜工藝也做不出來的。

沙蔥與沙芥

在沙漠牧民新村和七星湖沙漠酒店，明明都點了沙蔥讓我品嚐。

在沙漠牧民新村吃的是醃製沙蔥。色澤深綠，質地脆嫩，辛而不辣，口感清爽。女主人說，醃沙蔥是煲制各種營養湯、佐餐下酒的上佳伴侶，其存儲保質期可達五個月以上。

沙蔥亦可與肉、蛋一起烹調各種菜餚。在七星湖沙漠酒店吃的是水汆沙蔥，把不易久儲的沙蔥嫩莖洗淨，放入開水焯一分鐘，撈出，拌上精鹽、陳醋，別有風味。雅人俗客，無不喜愛。沙蔥營養價值高，不僅可做各種佳餚，還有藥用價值。富含多種維生素，對降血壓有一定的療效。醃製品助消化、健胃，可謂食品中的佳品。

沙蔥因形似幼蔥，故則得名。其種子壽命很長，在沙土中埋幾年還可能發芽。是沙漠草甸植物的伴生植物，常生於海拔較高的砂壤戈壁。廣泛分布於內蒙古自治區的鄂爾多斯市、呼倫貝爾盟西部，錫林郭勒盟、烏蘭察布盟、阿拉善盟等。因其纖細清秀，葉色翠綠，花色呈鮮淡紫色至紫紅色，美麗別緻，又是優良的花壇、地被或室內盆栽材料。

與沙蔥一字之差的另一種植物，是沙芥。

在獨貴塔拉時，我特意點沙芥，卻沒有。到了沙漠牧民新村大漠人家酒店，第一次吃到涼拌的沙芥。極類似我們平時吃的鹹菜，雖酸甜清爽，味美入喉，也只能做菜品中的點綴。若想做主菜，是不可以的。

沙蔥幼苗

新鮮沙芥可以醃製儲存，以備過冬之需。其葉片肉質肥厚，有芥辣味，風味精香。幼苗莖葉和成株嫩葉，可炒食或涼拌，是沙區人們喜食的一種蔬菜。

沙芥菜是庫布其一道名菜。沙芥純天然生長，不需施肥澆水，牛羊驢馬不啃不吃，有股刺鼻的特殊味道，甚至嗆得你掉眼淚、打噴嚏。沙芥不長蟲子，蚊蠅不沾身，是最純正的綠色食品。沙芥菜現已進入酒店的大雅之堂，頗受食客的歡迎。現代人吃膩了生猛海鮮，吃碗沙芥拌疙瘩，既稀釋油膩，還緩解酒力，使腸胃減輕負荷。無論沙芥拌疙瘩還是涼拌沙芥菜，皆是一絕。

沙芥、沙白菜、沙蘿蔔，均是沙芥的別名，生於草原地區的沙地或半固定與流動的沙丘上。高毛虎說，沙芥救了庫布其人的性命。三年饑荒，很多庫布其人就是靠吃它才沒被餓死。與用以填飽肚子的樹皮、觀音土相比，沙芥簡直

是奢侈的美味了。

沙芥葉具解酒、解毒、助消化的功效。根具有止咳、清肺的功效。

蒙古的酒

在庫布其，不知道是蒙古人影響了漢人，還是漢人影響了蒙古人。總之，庫布其人大都能飲酒。

因為血壓問題，我很多年不喝酒了。從前，我不抽菸，但酒是要喝的。雖不敢與千杯不醉的李白相比，若有酒，對我是一件很幸福的事，尤其是遇到脾性相投的朋友。

在中原，喝酒多直接拿酒瓶往酒杯裡倒。也有講究的，先把瓶中酒倒入酒壺，然後再拿著酒壺往酒盅裡倒。在庫布其，我第一次見到每人面前一個精緻小巧的玻璃酒壺和一個小酒盅。主人給每人面前的玻璃酒壺中倒滿酒。然後，再用你面前的酒壺給你面前的酒盅斟滿酒──這樣似乎容易計量，你的玻璃酒壺倒完了，再添滿。總共喝了多少壺酒，容易記。

這裡不猜枚，但一樣要敬酒。主人先敬客人，然後依年紀從大到小或者地位高地，依次給客人敬酒。我想：中國人禮尚往來，客人也應該回敬給主人、陪客的人。但因為我不能多飲，所以一律不回敬──因我不能多飲，所以不回敬，我的庫布其朋友該不會怪罪吧！

蒙古人喝酒，有一套固定程式，敬天、敬地、敬祖先或敬遠方來的朋友。以前我們只知道，這是蒙古人對養育自己的天、地、祖先表示崇敬。而我的庫布其朋友講，其實這裡面還有另一段鮮有人知的隱情：

內蒙人自古剽悍，善騎射征戰。蒙元時，忽必烈曾把疆域擴至小亞細亞、

波斯灣和高加索山。因為忽必烈的父親被毒酒所害，加之征戰異域，內蒙人出征在外飲酒時，就多了一份小心。若有人敬酒，必先敬天，敬地，抹額頭。表面上看，這是蒙人在表達對天地之敬畏，實則是一種對自身的保護。

一杯酒接在手，以右手無名指挑一點酒水灑向半空，此時因為胳膊抬起，五指朝上，便有酒水順無名指下流，沾濕了戴在無名指上的銀戒。第二步，以右手無名指再挑一點酒水灑向大地，因為五指朝下，那原本順無名指下流的酒水回流，再一次浸濕銀戒。如此一上一下，讓戴在無名指上的銀戒反覆被酒浸染。然後第三步，舉起手，掌心朝臉，以無名指撫額頭。此時，只要略一抬眼，便可看到自己那反覆被酒浸染了的銀戒。古人常識知道，銀戒若遇毒酒，則會變色。若不是毒酒，則完好如初。

蒙人以此程序，提防被毒酒所害，可謂聰明之舉。既不必擔心因為自己多疑而傷了雙方和氣，又可以看清對方所敬究竟是一腔熱情誠意，還是一杯要命的毒酒。

老味道

在庫布其沙漠種植示範基地，我品嚐到最尋常的蔬菜瓜果。

億利人非常好客，你走近種植大棚，就有一張張熱情的笑臉迎上來。簡陋的桌上擺著大西瓜，似乎是專為你準備的。看到你來了，就有人去切開，捧上一片給你。然後，充滿期待地望著你吃下第一口，問：「味道怎麼樣？」

「好吃，味道一級棒。」這不是應景，而是發自心腹的讚歎。

看到你高興，他們會繼續推薦：「棚裡還有西紅柿、葡萄，自己摘吧。不用擔心，這裡的水果不打農藥，摘下來就可以吃。」

沙漠裡的有機黃瓜

　　於是，你就走進去。這裡碩果纍纍，不僅有西紅柿、葡萄，還有大辣椒、黃瓜、香瓜等等。

　　穿梭在果蔬林間，一伸手就可以摘到成熟的大、小西紅柿，就可以摘到紫葡萄、黑葡萄，就可以摘到嫩脆的黃瓜。咬一口，這是地道的西紅柿味兒，這是地道的葡萄味兒，那是地道的黃瓜味兒，全都是地地道道的老味道！驚喜，激動，心花怒放。

　　雞蛋是都市人最常見的食材。可是，你有多久沒吃到老味道的炒雞蛋了？你去超市買昂貴的笨雞蛋、土雞蛋、柴雞蛋，想吃到從前吃過的老味道。可是，你卻一次又一次地失望。

　　在沙漠牧民新村，蒙古女主人端上一大盤炒雞蛋。你迫不及待夾一筷子塞進嘴裡，「就是這種味道，真正的雞蛋的原汁原味！」你忍不住再狠狠來一

喜獲豐收

大塊，細嚼慢嚥，仔細品嚐那幾乎要忘卻的味道。一瞬間，彷彿時光倒流，你又回到了童年時代，還很年輕的媽媽從灶房出來，把剛出鍋的炒雞蛋端上來。你的小鼻子立即湊上去，貪婪地來回嗅了再嗅，真的好香啊！

「吃飯能有從前的『老味道』。豆腐的老味道、炒雞蛋的老味道、西紅柿的老味道是什麼呢？請各位朋友到我們庫布其品嚐一下老味道的雞蛋、牛肉、羊肉。飲食的記憶是最刻骨銘心的，特別是媽媽做的菜。就這麼簡單的奢望，就這麼樸素的要求，就這麼原始的渴望，但今天能有嗎？」

——這是王文彪面對媒體說的一段話。他是真心喜歡庫布其的老味道，真心為庫布其的美食向全天下吆喝。

沙生動植物記

在庫布其沙漠，我認識了許多以前從沒有聽說過的沙生植物。沙蔥、沙芥不必說了，甘草、胡楊、沙柳亦不必說了。

在億利資源沙漠生態循環產業園，看到新建廠房路旁的花，深粉、淺粉、玫瑰紅、水粉色、純潔的白，在秋陽下開得五彩繽紛，喜氣誘人。明明說，這叫波斯菊，又叫掃帚梅。

波斯菊在沙漠裡經常可以看到，有自然野生的，無論你注意與否，她都長在那裡，率性而美麗。也有被人為栽種的，就像產業園沿著廠區道路寬寬的一行，纖長的枝桿，嬌豔地盛開，點綴著水泥機械構築的廠區。

在大漠草堂入口的穿沙公跑旁，有成行的羊柴由近及遠，像遠去的公路那樣望不到盡頭。驅車行駛在穿沙公路上，不時也可以看到羊柴的身影。它是平民化的，不昂貴不高貴。碧綠的葉子，小小的粉紅的花朵，一簇簇的一點也不囂張。羊柴花期很長，景色壯觀，可作為乾旱區園林綠化的觀賞植物。

羊柴又名楊柴，屬多年生半灌木。根系發達，具有地下莖，有很強的營養繁殖能力，是防風固沙和治理水土流失的理想植物，且乾草的適口性好，是一種優良飼料。

梭梭。在高毛虎承包的沙田裡，我見過梭梭。在老麥驗收的沙漠工地，我撫摸過梭梭。剛從沙裡生出來的梭梭，嫩嫩的一縷，幾片純青的小葉子，讓人擔憂不小心一腳踩下去，就會要了它的性命。老麥在每棵驗收的梭梭周圍隨意畫一個圓，成活一棵，億利會給種植它的牧民三五元。

說到梭梭，就不能不說肉蓯蓉。在沙生植物館，我見見到了肉蓯蓉。肉蓯蓉別名大芸、查干告亞（蒙語），是梭梭根部的寄生植物，從梭梭寄主中吸取養

分。素有「沙漠人參」之稱，具有極高的藥用價值，是中國傳統的名貴中藥材。

肉蓯蓉藥食兩用，長期食用可增加體力、增強耐力以及抵抗疲勞，同時又可以增強人類及動物的性能力及生育力。歷史上它就被西域各國作為上貢朝廷的珍品，也是歷代補腎壯陽類處方中使用頻度最高的補益藥物之一。肉蓯蓉還是迄今為止人類發現的唯一一個可以有效遏制神經系統細胞凋亡的物質，它的開發利用使人類徹底戰勝因神經細胞凋亡而形成的性功能障礙。

沙冬青，又稱蒙古黃花木。常綠超旱生植物，喜沙礫質土壤，種子吸水力強，發芽迅速。幼苗能抗零下二十度低溫不受凍害。體內含有黃花木素、擬黃花木素等強生物鹼，綿羊、山羊偶爾採食其花後則呈醉狀，採食過多可致死。

沙冬青有龐大的根系，葉組織內有大量黏液細胞，可以生存在極端乾旱的荒山和石質戈壁上，防風固沙性能好，是一種一年種植、多年受益、集生態效益和經濟效益於一體的優良固沙植物。它可以活血藥，祛風除濕，舒筋散瘀。主治凍瘡，慢性風濕性關節痛。

沙蒿，是我在庫布其沙漠經常可以看到的植物。屬於半灌木，一般高三十到八十釐米。根粗壯，呈褐色，側根斜生。老枝灰黃色，嫩枝鮮黃色或黃白色。常為牛羊等的冬季飼料，具備很好的固沙效果。老麥說，沙蒿會侵蝕四周其他植物的營養和水分，沙蒿多的地方一般樹苗都種不活。讓我想起魚類中的清道夫，只要有水就能存活，還會大量吞食魚苗。

沙蒿在青綠時期因氣味重而苦，飼草充足情況下，牲畜很少採食或不食，只有駱駝一年四季食之。深秋霜枯後，適口性大增，山羊和綿羊採食或喜食，馬和牛通常不吃它。在飼料缺乏的年景，它的重要性便大大提高，即使挑食的馬和牛也會採食。中國西北地區很早就有利用沙蒿籽做麵條的習慣。

庫布其沙生植物館擁有二百七十多種來自世界各地的特色沙生植物

　　七星湖沙漠酒店東側，就是沙漠植物館，占地一千六百平方米。澆水的館員介紹說，館中包含了澳洲、非洲、美洲、亞洲等五大洲約四百種珍稀植物。這些珍稀沙生植物在供人們觀賞同時，也通過光合作，不斷地吸收七星湖沙漠酒店釋放出的二氧化碳。

　　在七星湖遊覽區，王文彪乘車早行，看到路上有撞死的野雞、野兔屍體，嘆息說：「可惜了，太可惜了。」

　　司機說：「不就是一隻野雞嘛。」

　　王文彪說：「你知道在沙漠裡，長成一隻野雞有多難嗎？」

　　以後，司機再遇到野雞，就盡量躲避。野雞不怕人，遇到車也不知道躲。

動物晚上會追光，難免被撞死。司機每天都要在沙漠裡跑幾個來回，他已經習慣了經常性地急剎車，為公路上不時跑過的野雞、刺蝟、狐狸讓路。今年夏天，他開車時要刻意繞開七星湖旁邊的一段路，因為一對仙鶴在那裡安下了家。這是一千年以來，庫布其沙漠首次迎來仙鶴的回歸。

我第一次住進沙漠草堂，對繞樑嬉戲的小燕子充滿歡喜。走廊的樑上小燕子的巢，讓我想起兒時鄉下的家，房樑上也有巢。小燕子年年飛來。有一次，小小燕子不慎掉下來，我和弟弟尋來梯子，把牠放進巢中。那溫馨的一幕，銘記至今。人類與自然，與動物和諧相處，在屋簷下築巢的小燕子，算是最好的例證吧。

在大漠草堂外面，晚上會看到無數蛙。這種蛙個兒只有初生嬰兒拳頭大小，四肢小巧，想翻越一個磚頭高的坎兒，也要努力再努力，失敗再失敗，經過三五次甚至六七次以後，才會成功。我喜歡這種不懈努力的小傢伙。

內蒙古怎麼能沒有牛羊呢？無論你乘火車或者自駕遊，總能看到遼闊的草原上有成群的牛羊。這並不稀奇。但是，進入庫布其沙漠，再看到成群的牛羊，就不能不激動了。這裡從前是荒漠，如今日漸水草豐美，因為有了綠洲，才會重新看到成群的牛羊。

在去沙漠無人區的路上，我們不止一次看到牛和羊。牠們在遼闊的沙草地上自由覓食。一隻黑牛橫穿公路，當牠遠遠看到我們的車輛時停下來，瞪著兩隻碩大牛眼，似乎想打招呼，或者對我們的闖入心懷不滿，不躲不閃，不肯讓路。司機不得不鳴喇叭，黑牛才不緊不慢地踱步重新回到草地上。

不能不提野兔。第一次到庫布其沙漠無人區，我就看到了野兔。正在草地上前行，前方不遠，突然竄起一樣東西，帶動草葉亂晃。待定神看清楚是一隻野兔時，牠已經在數十米之外了。我和明明、呼波試圖圍堵，牠卻早就逃遠

沙柳林密，野雞健步叢中

了。

這一次，我期望能再看到野兔。在無人區穿沙公路的盡頭並沒有如願。駕車回返，明明、孫老師和桐桐徒步抵達木製觀景臺時，突然同時發出驚呼，他們看到了一隻躍起的野兔。我舉起相機捕捉，也只是在鏡頭中看到牠那一閃即逝的影子。

但我的小小心願卻是滿足了。不知這驚鴻一閃的野兔，是否是我們前一次所見的那隻，或者是牠的宗親。

祝福野兔，讓牠們在這沙漠綠洲享受美好的生活吧。

水肥草美，吸引仙鶴翩翩而降

　　一天晚上九點半，呼波喊我去看篝火晚會。從七星湖沙漠酒店返回沙漠草堂的路上，呼波突然減緩車速，悄聲說：「看，那是什麼？」

　　在穿沙公路中間，站著一隻野生動物，不知所措地望著我們。也許牠被這輛疾馳而來的鐵傢伙嚇著了。呼波閃了一下車燈，小動物似乎驚醒了，閃身跑進草叢。

　　「如果是野兔，車輛突然出間，牠就被嚇傻了。所以，總有車撞死兔子的事發生。」呼波說。

　　我們見到的這只動物，身材瘦高，四肢修長，像是幼年小鹿，肯定不是野兔。

聽說，天鵝在七星湖出現，一度吸引了很多攝影家前來拍攝……隨著綠洲的出現，庫布其沙漠的生物多樣性得到了明顯恢復，絕跡多年的狼、狐狸、天鵝、山雞、野兔、仙鶴等野生動物重現其中，且數量不斷增多。

一邊是漫漫黃沙，近鄰就是深藍色的湖泊。黃沙無聲，湖泊裡則有天鵝、野鴨自由游弋。這些天鵝、野鴨一定對牠們的近鄰不陌生吧？不知牠們有沒有想過，去沙漠裡踩一踩細細的沙？在柔軟的沙子上打幾個滾兒？

在庫布其沙生動博物館，看到許多沙漠動物標本。講解員說：如果庫布其沙漠有狼出現，就說明這裡的生物圈形成了。因為狼處於食物鏈的頂層，當有充足的食物時牠才會來，才會在這裡生活下去。

人與動物的和諧，不應只停留在人類的口頭上，而應落實在具體的行動中。

庫布其的綠

我應該寫一寫庫布其的綠，因為它是沙漠裡的綠。在一望無際的黃沙中，有綠色就意味著有植物有動物，意味著人類可以生存。

在沙漠，綠色是生命的象徵，綠色也意味著人類的希望。

庫布其的綠，不是自然天生的，是億利人用數十年時間，一點點栽種澆灌出來的。一滴汗水一粒沙，詩人如此形容億利人。每一分綠的根部，都滲透著億利人的血和汗。所以，庫布其的綠與眾不同，它除了具有大自然的詩情畫意，更充滿了人的堅韌、堅強和靈性。

走進庫布其沙漠種質資源基地組培實驗室，這裡有美麗的女博士在培植植物胚芽。當它們在大棚內生根吐綠，長到一定程度之後會被移到戶外，經歷大自然的陽光風雨。如果還能夠茁壯成長，就可以在庫布其沙漠裡大面積推廣了。

走進沙漠農業節水示範區。這裡有果蔬專家精心呵護的西紅柿、西瓜、辣椒。摘一枚西紅柿可以直接放進嘴裡，酸酸甜甜，一下就讓你回到幾十年前鄉下品嚐到的老味道。切開一個熟透的大西瓜，薄皮沙瓤，咬一口那種香甜立即過咽穿喉，直抵心底，這才是西瓜最本真的味道。在庫布其，你能品嚐到多年不曾再嘗過的果蔬的原汁原味。沒有轉基因，沒有添加劑，沒有化肥和農藥。

走進沙生植物館，尖錐型玻璃房內，我見到了來自世界各地的沙生植物。沙木蓼、沙打旺、砂珍棘豆、黑沙蒿、白沙蒿、沙地柏、沙地旋覆花、木麻黃、卷柏、沙冬青、駱駝刺、霸王、鎖陽、砂藍刺頭、葡根駱駝蓬、沙蓬、沙米、地膚、綿刺、四合木、半日花、岩黃耆屬、鷹爪柴、錦雞兒屬、豬毛菜

庫布其水草豐美

屬……植物館的館員告訴我，他們的科技人員正在努力研究試嘗，這裡面的沙
生植物可能很快就會出現在庫布其。

在庫布其沙漠種質資源基地，在沙漠節水農業示範區，在沙生植物館，你
看到的都是滿眼的綠，淡綠，深綠，墨綠……然而，這遠不是庫布其綠色的全
部。如果你駕車行駛在庫布其黃河的南岸，那麼，你一定能看到億利人種植的
二百四十多公里防沙護河鎖邊林。這林立的綠色屏障不僅能有效遏制荒漠肆無
忌憚的蔓延，每年還能減少近億噸的泥沙進入黃河。

如果你有勇氣深入沙漠，一定會看到沙漠綠洲。成片的沙柳、羊柴、甘
草、沙棗……你應該好好看看那些網格狀的林帶，它最能證明這裡曾經的荒
漠，曾經的人類為了綠化沙漠而付出的辛勞。不知有多少人把一根根枯枝深深
插進荒沙，編織成蔓延數公里、數十公里的網格，再播種草粒或植物，以期固
住不安的流沙，然後才有現在的綠野茫茫。但那些網格依舊存在，就像寫在沙

沙漠新綠

上的無數詩行，吟哦著曾經在此勞作過的人們。

如果你來到七星湖，這裡簡直是綠色的天堂。隨著降水量的增加和整體生態環境的修復，沙冬青、梭梭、胡楊等植物回到了庫布其沙漠，豐富了這裡沙漠生物的多樣性。庫布其沙漠中的湖泊生態環境更是得到了明顯改善，你可以看到，綠色守護著生命之源，碧湖藍天，生機盎然。那優雅的意境，沁人心扉。

如果你有幸坐在飛機上，那麼你一定要俯瞰庫布其的綠。沙楊的綠，是一簇簇的綠；胡揚的綠，是高高大大的綠；甘草的綠，是矮矮淺淺的綠……這些綠，綠得沉實，綠得貼心，綠得溫馨，綠得暖暖洋洋的。你可以鳥瞰頗具異域風格的七星湖沙漠酒店，一沙兩湖的美景。你可以看到縱橫沙漠的穿沙公路，

它們是沙漠的血脈；綠色的草地，綠色的高低起伏的各種沙漠樹種，它們是沙漠的盛裝；幾百萬畝釐米級厚的黑色土壤上，改良出大規模的沙漠土地，辛勤的庫布其人正在那裡耕種著希望。

數十年來，億利人靠智慧的雙手，改善了家鄉的生態環境，把沙塵擋在塞外，把縷縷清風送給了北京。中國夢從北京起航，在庫布其落地成了綠色夢。

綠色夢，在庫布其，在億利，正一天天變為現實。如果你熱愛生命，熱愛溢滿正能量的綠色，那麼就來庫布其吧，你不會失望。

庫布其日記

七月七日 農曆六月十一 小暑 星期一 晴

K573 次列車，晚上八點五十從北京西站開往包頭。我即將遠赴千里之外，去眼見一個活生生的現實——綠化夢。朋友說，去庫布其，你一定會感到震撼的。我曾做過十年記者，祖國大江南北走遍，稱不上見多識廣，但能讓我震撼的東西，已經不多了。

七月九日 農曆六月十三 星期三 晴

獨貴的早晨有些涼，車輛極少，我驚詫於這裡竟然還有出租車。

走十幾分鐘，到了沙漠邊緣。平生第一次如此走近沙漠，忍不住要進去看看。越過幾個沙丘，站在高處，便看到無邊無際的沙漠。我被眼前的沙漠震撼了。

唐老漢上世紀七十年代來到這裡，算是一個資深「北漂」。他的老家在山東，有一個閨女，農村人希望有兒子傳宗接代，於是拖家帶口跑出來。做建築工，也打小零工，哪家砌灶臺會請他。那時候勞動力不值錢，二三角工錢，他不要了，人家就好酒好飯招待。這裡的人大方，羊肉供著吃。後來終於生了個兒子，就此扎了根。此處地廣人稀，他慢慢由外地人，變成本地人。

說起庫布其沙漠，唐老漢跺了跺腳下的地說，原來這裡全都是沙。

七月十日 農曆六月十四 星期四 晴

蔣有則是鄂爾多斯市杭錦旗林業局副局長。吳滿平告訴我，他是獨貴一帶林業系統比較有名的人。

如果在大路上邂逅，你不會想到他是一位局長，倒更像一個常常蹲守田間地頭、皮膚黝黑的技術工人。肚腹略有突起，但看上去仍然強健，這與他長期在野外奔波不無關係。只有對上話，你才會發現，他身上的某些官員特質。比如說話聲音不大，四平八穩，不緊不慢，有條有理，自信滿滿。官員似乎總要保持威嚴，但他沒有。普通員工可以不敲門進他辦公室，而且不顧有否客人在座，直呼他「種樹瘋子」。他聽見也只裝沒聽見，仍舊給你倒水說話，似乎是聽慣不怪了。

要想讓老蔣打開話匣，就聊沙漠種植！繼續深聊，你會有新發現，他還編輯出版圖書，當然不是時下流行的官場小說，而是庫布其植物圖錄，密密麻麻的字，有配圖有詳解，非常專業。外行人翻看不到幾頁，就會覺得頭大，只能看其中的植物圖，個中文字就深奧了。

到此並沒結束，他又不緊不慢地從抽屜裡拿出一摞紙，說是自己寫的詩歌。我接過來看，不由肅然起敬。那十幾張、數百行的詩，竟全是將有關種樹

治沙的經驗，用文學的手段表達出來。

見過蔣有則三次，三次都是和種子、樹苗有關。第一次，在蔣辦公室，靠窗的牆根堆著一堆枯枝敗葉。細看那枯枝上，卻結著滿滿的果實。打開，裡面全是種子。第二次，汪吉拉拿著兩袋種子來找他。他伸手在袋子裡摸了摸，又仔細看了看說：「這種子行，沒問題。」第三次，在億利基地辦公樓前，韓美飛手中也拎著一袋種子，讓他給看一看。

七月十一日　農曆六月十五　星期五　晴轉陰雨

車行不久，駛上了第一條穿沙公路。這是一條富有傳奇色彩的沙漠公路，我看多了它和它的主人公的故事。如今第一次走在上面，還是有一種與眾不同的感覺。時光彷彿回到二十多年前，一群扛著鐵鍬、拉著架子車的人，史無前例地要在茫無邊際的荒漠開出一條路。

王文彪在這裡鍬出的第一鍬沙，不但改變了老鹽廠的景況，還影響了後來整個庫布其的發展進程。

來庫布其第四天，與庫布其的雨擦肩數次，每次都很匆匆。比如在無人區，忽然落下稀疏的雨來，細密的沙子上泅出一點一點暗濕，仔細看，會有一點一點的微型沙坑。沒等你抬頭尋找雨的源頭——是哪一朵雲，沒等你來得及欣賞，大漠細雨已經過去了，只留下絲絲清涼。

今天著實淋了一場雨。碩大的雨點噼哩叭啦砸在車窗上。焦師傅不得不打開雨刷，否則，眨眼間車窗就是一片模糊。想打開窗體驗一下沙漠大雨，呼的一陣風裹挾著雨滴肆無忌憚闖進來。如果站到車外，不出半分鐘，就會被淋成一隻落湯雞。身邊的大漠朋友們對這場大雨沒有絲毫驚奇，看來，這雨在庫布其並不希罕。

二十分鐘後，雨驟停。風靜雲止，天高地闊。搖下車窗，呼吸清新的空氣。一望無垠的綠，一直鋪向天際。

八月二十二日　農曆七月二七　星期五　晴

上午，去沙漠種植驗收現場。老麥和杭錦旗林業局下屬治沙站的白站長正在驗收春天剛栽下的梭梭，同行的還有從北京億利總部趕來的監督員。

驅車於庫布其，偶爾從頭頂飄過一朵雲，便有零星的雨滴灑下來。稍不留神，那些雲朵醞釀成滿天烏雲，飄潑而至，稍頃而去。明明解釋說，離此最近有兩個氣象站，相距一百多公里，卻無法準確預報七星湖區域的天氣。因為這裡豐富的植被，形成了一個小的生態區，具有相對獨立的沙漠綠洲小氣候效應了。

八月二十三日　農曆七月二八　星期六　雨

晚上，參加七星湖篝火晚會，七星湖沙漠酒店藝術團的演員表演很精彩，男演員粗獷豪放，女演員嬌柔委婉。遊客們圍著篝火跳舞。一個中等身高、大腹便便的中年男人，忘我地跟著流行音樂起舞。《你是我的小蘋果》是筷子兄弟近期發行的歌，與他們此前的苦情不同，這次走的是輕鬆搞笑路線，沒想到火到全中國，甚至有向世界蔓延趨勢。

今晚，滿天繁星，印象中第一次看到清晰的銀河，真像太空中一條寬闊的河流。生活在大都市的人們，哪裡會有這樣的眼福呢！

九月十九日　農曆八月二六　星期五　晴

很早就想從空中俯瞰庫布其沙漠，這次如願了。

大約九點三十，飛機廣播通知，還有二十分鐘降落巴彥淖爾機場。透過機窗，突然看到了「几」字形黃河的右上角。陽光下白亮亮、寬闊的黃河，在大地上寫下一個飄逸的「几」字，那氣勢、那神韻，非親見而不能體會。要想成為一名真正的書法家，真應該專門乘飛機從半空俯視一次黃河在中國北疆寫下的這個「几」。

飛機自東向西飛行，接下來正好穿越庫布其沙漠。已經多次乘車穿越沙漠，但這次乘飛機的感覺卻不同，真正理解了什麼叫遼闊與浩瀚。這裡看到的不是突兀的沙丘、沙山，而是如平靜的太平洋一般的海面，那原本起伏的荒沙梁，變成了凝固的清晰的波紋。飛機在飛，沙漠在倒行，你忘掉了飛機的轟鳴，卻似乎聽到氣勢恢宏的沙漠樂章。

晚餐後，是星空下的大漠夜話，來自全國的百餘位企業菁英在七星湖沙漠酒店的草場上品酒論道。王文彪與匯源集團董事長朱新禮被邀到臺上座談。老友相聚，難免多喝幾杯，話題就從酒事說起，王文彪講到朱新禮夫婦的一則往事：

去年王文彪與朱新禮相約在北京順義郊區聚會，各自帶了一支本單位的文娛演出隊伍。你方唱罷我登場，竟相較技煞是熱鬧。當晚兩人都喝多了酒，坐在臺下觀看。其中有跳新疆舞的一段節目，朱新禮看到臺上為首的女子舞姿優美，便對王文彪說：「那女子跳得甚好。」一曲結束，兩人端著酒杯上臺祝賀，朱新禮走到中央那位女子面前，卻猛然發現，舞者竟是自己的夫人。

在傳統文化影響下的中國，臺下的政界、商界名人，總是比臺上的他們更顯得可愛一些。人人皆凡人，這些日常小事反倒更能拉近他們與讀者的距離。

七星湖景色美如畫

雖是閒談，卻更人性。

九月二十日　農曆八月二七　星期六　晴

　　生態文明企業家年會在七星湖畔舉行，來自全國百餘位企業菁英和數十位媒體記者齊聚於此。此次生態文明企業家年會的發起人王文彪做開幕式演講：

　　「……最近剛上任的聯合國 UNCCD 秘書長巴布女士在看了庫布其後講了三句話讓我非常感動。她說，全球難以找到庫布其這樣的奇蹟，希望庫布其沙

漢帶給世界更多的和平，因為哪有沙漠哪裡就不和平。希望非洲、蒙古等沙漠國家的領導人能夠到中國庫布其取經。」

「老百姓對生態環境的期盼其實很簡單，就是能夠曬上太陽、看到月亮、聽見蛙聲、聞到草香，吃到像庫布其沙漠裡的瓜果、牛羊，這就是最簡單的幸福生活。但這個本來並不算高的期望，在今天卻難以保障。究其根源，就是由於多年來高歌猛進、大幹快上地發展，生態環境付出了沉重的代價，造成了今天嚴重的『空氣污染、水污染、土壤污染和土地荒漠化』。」

「今天，中國有幾十億畝荒漠化的土地要修復，有幾億畝污染了的土地要修復，幾萬條河流要修復，偌大的空氣要修復，這些修復工程可能需要幾年或幾十年的努力，需要幾萬億或幾十萬億的投入。對此我認為，繼互聯網產業之後的中國經濟新浪潮應該是『生態環境經濟』，也包括生態健康經濟。因此，生態環境經濟既是我們民營企業的重大使命、責任和擔當，也是我們下一輪發展的重要機遇。」

「我們既想做好生意，也想做好生態。掙一份綠色、生態、體面、長遠的錢。」

無論臺上臺下，王文彪總是給人厚道、可靠的印象，他的講話也深入淺出、樸實無華。你似乎可以看到一個人站在你的面前，掏心掏肺地讓你看他的滿腔真心與誠意。

九月二十一日 農曆八月二八 星期天 晴

前天，自巴彥淖爾機場到七星湖的大巴車上，見到一位氣質女士，眉眼談吐皆不俗。暗想，女企業家中能出這麼一位，也很難得。昨天下午，在庫布其國際沙漠論壇會議中心，又遇到該女士。始知伊原來是著名畫家傅益瑤。傅女

士是畫壇巨匠傅抱石之女，其畫受到郭沫若、吳作人等先生的稱讚，有「山水逼似乃翁」之譽。

莫言也曾來此植樹。庫布其沙漠不但吸引了中外企業家們頻頻光顧，暢談合作與發展，同樣也吸引了不少中外藝術家、作家前來寫生、采風。庫布其正日漸為世界所聞知。

返京的飛機上，聽幾個記者交流，說億利的工作人員這幾天都沒有好好休息，甚至沒睡過一個囫圇覺。有記者講王文彪、盧志強、朱新禮、南存輝等人精力之充沛，令人驚詫。剛剛參加了座談會，又精神奕奕在鏡頭前接受記者的熱烈採訪。「週五那天晚上，王文彪、朱新禮都喝了不少酒，到夜裡十一二點，王文彪又召集億利員工開會，安排第二天的工作……」

庫布其大漠銀河

沒有人能隨隨便便成功。沒有付出，哪有回報。億利能走到今天，與其勤奮踏實的作風分不開。

　　古有大禹治水，今有王文彪治沙。難怪我身邊的記者說：庫布其沙漠，已經成為中國遞給世界的一張生態名片。

後記
最有夢想與希望的時代　王文彪

有夢想才有希望，有夢想才有自信，有夢想才有堅持。

在我很小的時候，聞到鄰居家燉雞肉，饞得邁不開腿，那時候我的夢想和希望就是能痛痛快快吃上一頓肉；一九八八年，二十九歲的我去庫布其沙漠深處的鹽廠上任，我的夢想是讓父親母親、讓我們鹽廠的員工，任何時候想吃肉就能吃上肉；鹽廠的產品堆積如山，無法及時運出，我的夢想是在沙漠中修一條穿沙公路，同時也讓沙漠裡的農牧民能夠輕鬆地走出去。

最初，我們在鹽廠四周植樹種草，沿穿沙公路種甘草搞綠化，我的夢想是阻止沙漠對鹽廠和公路的侵蝕；後來，建設二百四十二公里黃河鎖邊林，飛播種草，我的夢想是阻擋沙漠蔓延的腳步，改變沙進人退的局面……如今，習近平主席提出：「寧可不要金山銀山，也要建設一個綠水青山的美好家園。」這時候，我的夢想是改善生態環境，綠化沙漠，美麗中國。

這是一個最適宜播種夢想、實現夢想的偉大時代。

一個沒有信仰的民族，前行的腳步不會堅定有力；一個沒有夢想的國度，不會充滿自信地走向未來。在中國的歷史長河裡，從來沒有如此清晰地描繪出一個共同的期望，高屋建瓴的「中國夢」思想，史無前例地把十四億中國人緊密地團結在一起。

與其在別處仰望，不如在這裡並肩。聚沙成塔，集腋成裘。國家興亡，匹夫有責。每一個人都是實現「中國夢」的一分子，無數小我的夢，匯聚成強大的中國夢，喚醒華夏每一寸沉睡的土地，響徹世界的東方。中國人從來沒有像今天這樣，在世界面前挺直腰桿，揚眉吐氣。

回顧二十六年來和億利走過的道路，看著日益豐沛的庫布其沙漠綠洲，我要感謝我的祖國，感謝我們的黨和人民。在我實現夢想的道路上，如果沒有黨和政府的支持，沒有勤勞善良的父老鄉親的鼎力相助，我肯定不會走得太遠，

更不會理直氣壯地站在世界的舞臺上，講述億利治沙的故事，向全球沙漠地區推薦庫布其治沙模式。

當習近平主席提出「中國夢」時，中國就不容置疑地迎來了一個嶄新的時代。我慶幸自己生活在這個偉大的時代。

安得廣廈千萬間，大庇天下寒士俱歡顏。讓每一個人都能得到醫療保障，讓每一個孩子都能獲得更好的基礎教育，建立一個富強民主文明和諧的東方強國……中華民族是一個多災多難的民族，古老神州也曾鐵蹄橫行，硝煙瀰漫。我們前行的路上，仍會有風雨坎坷、困頓磨礪，夢想或許還很遙遠，但這一切並不妨礙我們的堅持與努力。

夢想照亮人生，一個人有了夢想，生活才有激情和動力；一個企業有了夢想，前進才會有方向和目標；一個國家有了夢想，國運才會亨通昌隆，民族才會充滿希望。

牢騷太盛防腸斷，風物長宜放眼量。綠我涓滴，會它千頃澄碧。這是一個最有夢想與希望的時代，腳踏實地，放飛夢想，我們一定有能力讓藍天白雲常相伴，看綠水青山萬萬年。

美麗的大道圖湖

昌明文庫‧悅讀中國　A0607015

庫布其：沙夢

作　　者	亦　農
責任編輯	陳胤慧
版權策畫	李煥芹

發 行 人	陳滿銘
總 經 理	梁錦興
總 編 輯	陳滿銘
副總編輯	張晏瑞
編 輯 所	萬卷樓圖書股份有限公司
排　　版	菩薩蠻數位文化有限公司
印　　刷	維中科技有限公司
封面設計	菩薩蠻數位文化有限公司

出　　版　昌明文化有限公司

桃園市龜山區中原街 32 號

電話 (02)23216565

發　　行　萬卷樓圖書股份有限公司

臺北市羅斯福路二段 41 號 6 樓之 3

電話 (02)23216565

傳真 (02)23218698

電郵 SERVICE@WANJUAN.COM.TW

大陸經銷　廈門外圖臺灣書店有限公司

　　　　　電郵 JKB188@188.COM

ISBN 978-986-496-439-0

2019 年 3 月初版

定價：新臺幣 360 元

如何購買本書：

1. 轉帳購書，請透過以下帳戶

　　合作金庫銀行 古亭分行

　　戶名：萬卷樓圖書股份有限公司

　　帳號：0877717092596

2. 網路購書，請透過萬卷樓網站

　　網址 WWW.WANJUAN.COM.TW

大量購書，請直接聯繫我們，將有專人為您

服務。客服：(02)23216565 分機 610

如有缺頁、破損或裝訂錯誤，請寄回更換

國家圖書館出版品預行編目資料

庫布其：沙夢 / 亦農著.-- 初版.-- 桃園市：

昌明文化出版；臺北市：萬卷樓發行，

2019.03

　冊；　公分

ISBN 978-986-496-439-0(平裝)

1.報導文學 2.庫布其沙漠

680　　　　　　　　　　　　108003127

本著作物由五洲傳播出版社授權大龍樹（廈門）文化傳媒有限公司和萬卷樓圖書股份
有限公司（臺灣）共同出版、發行中文繁體字版版權。